口述40个故事
——感受珠海的魅力

陈惠贤◎主编
冯磊 廖明山◎编

SPM 南方传媒 | 广东经济出版社
·广州·

图书在版编目（CIP）数据

口述40个故事：感受珠海的魅力 / 陈惠贤主编；冯磊，廖明山编．—广州：广东经济出版社，2023.7

ISBN 978-7-5454-8865-4

Ⅰ.①口… Ⅱ.①陈…②冯…③廖… Ⅲ.①经济特区—经济建设—概况—珠海 Ⅳ.①F127.653

中国国家版本馆CIP数据核字（2023）第113984号

责任编辑：毛一飞
责任校对：黄思健 李 恬
责任技编：陆俊帆
封面设计：陆广威

口述40个故事——感受珠海的魅力

KOUSHU 40 GE GUSHI——GANSHOU ZHUHAI DE MEILI

出版发行：广东经济出版社（广州市水荫路11号11~12楼）
印　　刷：广州小明数码印刷有限公司（广州市天河区高普路83号B栋C5号）

开　　本：787mm×1092mm 1/16　　**印　　张：**10.25
版　　次：2023年7月第1版　　**印　　次：**2023年7月第1次
书　　号：ISBN 978-7-5454-8865-4　　**字　　数：**160千字
定　　价：68.00元

发行电话：（020）87393830　　编辑邮箱：gdjjcbstg@163.com
广东经济出版社常年法律顾问：胡志海律师　　法务电话：（020）37603025
如发现印装质量问题，请与本社联系，本社负责调换。

序

风从南方起，潮从南海涌！

40多年前，一位伟人在南海边画了一个圈，拉开了我国改革开放的伟大历史进程的序幕。珠海作为我国最早的经济特区之一，承担着为探索中国特色社会主义道路杀出一条血路的光荣而又艰巨的使命。

40多年来，珠海的先行者，在党中央、国务院和广东省委、省政府的坚强领导下，筚路蓝缕，敢为人先，以敢于迎着风浪搏击潮头的闯海精神，创造了辉煌的成就，涌现出许许多多的率先，为探索中国特色社会主义道路作出了巨大贡献，体现了当代中华儿女为实现中华民族伟大复兴而艰苦探索、艰苦奋斗的时代担当。

历史是一面镜子，照亮现实，照亮未来。

为了让广大群众特别是年轻一代了解珠海改革开放的历史，传承敢闯敢试、敢为人先、埋头苦干的特区精神，珠海特区报一直集中组织做好特区故事的新闻采访。先是密切配合珠海市政协，充分发挥人民政协文史资料工作“存史、资政、团结、育人”的重要作用，借配合广东省政协征编《敢为人先——改革开放广东一千个率先》大型文史资料丛书的良机，向全市社会各界征集到了珠海在改革开放过程中创造的全国率先和创新故事与经验，并对相关参与者、见证者进行了采访。紧接着，珠海特区报又联合珠海市委老干部局、市档案局等单位，对一批珠海经济特区早期的领导和建设者们进行了实地采访，收集到了一批宝贵的资料。在珠海经济特区建立四十周年到来之际，珠海特区报又集中策划采访了一批体现不同行业、不同项目建设成就的普通建设者，通过他们之口，讲述特区建设故事。我们重新梳理了这三次采访活动的重要成果，挑选了其中40篇采访报道编著了《口述40个故事——感受珠海的魅力》一书。

该书生动地记录了改革开放以来，珠海市各行各业、各条战线在改革开放的伟大实践中，勇于探索，大胆创新，涌现出许多全国“首创”或“率先”，体现珠海“敢为天下先”的精神风貌。收录的每个改革创新故事我们都坚持做到四个基本要求：一是实地采访当事人，突出现场感；二是当事人口述，轻松讲故事；三是切口小，不讲长篇宏论；四是口述者身份介绍简洁，只点明事件发生时的身份或职务。

40个故事也许只是经济特区发展史上的40个脚印，但它既是改革开放先行者的珍贵记忆，又是珠海改革开放发展史的忠实记录。

总结历史是为了更好地前进。站在新的历史起点上，我们需要从敢为人先的历史中汲取继续前进的力量和智慧，为珠海建设新时代中国特色社会主义现代化国际化经济特区而努力奋斗！

编者

2020年6月27日

目录 CONTENTS

01 新中国第一家中外合作旅游企业

何海口述石景山旅游中心建设历程

何海，时任珠海市政协主席。

1979年11月12日，新中国第一家中外合作旅游企业——石景山旅游中心在珠海签约诞生。这回“尝鲜试水”的是澳门商人吴福。时任珠海市政协主席何海负责引进外资工作，他是石景山旅游中心在珠海诞生的见证者。

据何海回忆，签约当天，他来到拱北关口迎接吴福。石景山旅游中心选址在一片山坡下，那里原是一片种花生、甘薯的地方。何海说，当年珠海的吉大这一带还很荒凉，澳门投资方想要哪块地就给哪块地。签约的双方，珠海方面是用珠海市旅游公司的名义，澳门方面则是用澳门珠海旅游发展有限公司的名义。

众所周知，吴福是地道的珠海人，20世纪50年代到澳门定居，60年代与人合股创建澳门地产建设有限公司，并经营澳门渡海小轮公司、戏院。80年代与港商合作投资建珠海石景山旅游中心，并建澳门总统酒店，任董事长。后任澳门地产建设有限公司总经理。

20世纪70年代末期的珠海，只有一间拱北侨社，一间香洲招待所

吴福曾向媒体讲述过在珠海兴办酒店的缘由。20世纪70年代末期的珠海，只有一间拱北侨社，一间香洲招待所。有一次，吴福陪同一位葡萄牙桥梁专家考察珠海到广州沿途几个渡口的建桥问题，当时想在珠海过一夜第二天启程去广州，因住宿条件不允许，不得不返回澳门过夜。这个经历对吴福的触动很大，不久后他就和珠海市委、市政府的有关人员沟通，想在珠海创办一

家能接待中外人士的酒店。

何海就是当年负责珠海市引进外资工作的市领导，跟吴福有较密切的接触。为什么吴福首先考虑在珠海这个基础设施还不完善的地方投资办旅游酒店呢？对此，吴福说："我当时认为，一个地区要想发展，需要先发展第三产业，这样才有利于招商引资，如果连一个像样的谈话的地方都没有，商人怎么会来呢？办酒店更有利于解决当地人的就业问题：一家酒店需要几百个员工，可以解决几百个人生活上的困难；一家酒店需要许多用料，可带动许多行业发展，如工农业和商业。"何海回忆：酒店建设期间，吴福派出澳门建筑公司的工程技术人员守在工地检查督促施工，投入了不少心血，使石景山旅游中心不到9个月就建起来了。吴福曾说："我从创办石景山旅游中心的过程中获得了很多，这是一次难忘的人生经历。"

何海回忆说，1980年10月，由珠海市旅游公司与澳门珠海旅游发展有限公司合作经营的石景山旅游中心第一期竣工。当月12日正式开业。从签约到建成开业仅用不到一年时间，这被当时国务院特区办称为"石景山速度"。石景山旅游中心正式开业后，中外游客络绎不绝，第一季度就获取纯利70多万元港币。这是全国首例中外合作旅游企业，珠海人由此第一次学习并接受了包括董事会制度等一系列全新的管理运作方式。

何海记得，在酒店建成之后，吴福还在酒店的管理模式上进行了一番创新。吴福认为，石景山旅游中心的管理和运营必须结合中国国情和国际惯例，走出一条新路子，这样业务才会有起色。他采取董事会领导下的总经理负责制管理酒店。石景山旅游中心的董事会由双方派出的人员组成，作为企业的最高领导机构，在分配制度上，采用浮动工资制，纠正干好干坏报酬一个样的平均主义弊端。

石景山旅游中心正式开业8年后，《中华人民共和国中外合作经营企业法》正式颁布

石景山旅游中心是全国首家旅游性质的酒店，全国首家遵循国际酒店业惯例进行管理、采用董事会领导下的总经理负责制的酒店，全国首家推行劳

动合同制的酒店。在石景山旅游中心正式开业后8年多，《中华人民共和国中外合作经营企业法》正式颁布。

对这家在珠海诞生的新中国第一家中外合作旅游企业——石景山旅游中心，中外媒体都给予了很大的关注。1980年《羊城晚报》报道："这家中外合资酒店第一次让中国的老百姓感受到很多'服务'。"联邦德国记者汉斯巴格曼来到酒店后说："这里的服务比香港的一些酒店好，我们怎么也想不到这个地方还会有这么好的酒店。你们这样做可以为你们的国家提高声誉，又可以挣得外汇……"

石景山旅游中心的成功也使霍英东、何贤、吴兆声等港澳知名企业家纷纷踏足珠海，相继建成珠海宾馆、拱北宾馆、珠海度假村酒店等最早一批中外合作、合资酒店。广州白天鹅宾馆、中国大酒店等一批中国著名的中外合资酒店也在这一时期相继落成。

（采写：陈素璧）

02 珠海机场：亚洲第一爆

余荣霭口述珠海机场改扩建工程

余荣霭，时任三灶管理区党委副书记、副区长，珠海机场建设指挥部副总指挥，珠海机场公司筹建处主任。

1992年12月28日13时50分，伴随着1.2万吨TNT（炸药）的连锁式爆炸，珠海三灶岛上1200万立方米的炮台山被瞬间爆破。伴随着这一相当于日本广岛原子弹炸药量60%的爆炸，珠海三灶国际机场的改扩建工程正式拉开序幕。

这是我国成功进行的当时世界爆破史上较大规模的爆破。整个爆破前期准备工作持续了10个月，最后成功精确起爆，被誉为“亚洲第一爆”，吹响了珠海特区改革前进的新号角。

亚洲第一爆

1.2万吨炸药世纪爆破

珠海机场的建设酝酿多年，几经波折，最终选址三灶岛。1992年5月23日，珠海市政府收到国务院和中央军委批准将空军机场改建为民用机场的通知。同年9月5日，机场的平面规划正式获得国家民航总局的批准。至此，珠海机场的建设终于落下大锤。

三灶机场最早是日军侵华时期建立的军用机场，日军在撤离时对其进行了破坏。几年后国民党败退台湾时，对其又进行了一次破坏。1992年珠海机场开建前，虽然已对机场进行过改造，但跑道长度仅有1200米。

珠海机场严格按照国际一级民用机场标准进行总体规划、设计和施工，需建长4000米、宽60米的跑道和长4000米、宽44米的滑行道各一条。加上两端的缓冲带，实际上需要5000米的长度。这就势必要求夷平位于西端的炮台山。

炮台山长约800米、宽500米、主峰高107米，土石方量达到1200万立方米。当时，要求两年多时间建成珠海机场，如果不采用整体大规模爆破的方式，根本就来不及。事实上，在1992年初，整个爆破的前期准备工作就已开始。

要整体爆破1200万立方米的山体，经过测算要1.2万吨炸药。资料记载，“二战”期间法国曾使用7000吨左右的爆破药量，珠海炮台山的爆破堪称史无前例。承接爆破方案设计的，是解放军工程兵工程学院（现为中国人民解放军陆军工程大学），中国著名的防护工程专家钱七虎亲自挂帅。

爆破的日子日渐临近，400多辆军用卡车满载着炸药浩浩荡荡开进三灶岛，近千名战士来到炮台山进行装填施工。1992年12月23日上午，历时一个月的装填炸药工作结束，整个炮台山开始停电，炮台山进入战备警戒状态。爆破前几天，为了防止爆破震动引起澳门居民恐慌，珠海市政府还专门在澳门的媒体上公布爆破计划。

1200万立方米土石搬运工作持续半年

12月28日这天终于到来。冬日的珠海三灶岛，依旧是蓝天白云，分外美丽。在爆破前，距离炮台山5公里范围内的所有居民全部被疏散。现场动用部队战斗力300人，海上有巡逻艇，天上有直升机，为了应对爆破可能造成的意外，医疗救护、消防等人员也在现场严阵以待。珠海市几套班子领导，全部来到距离爆破现场几公里的金沙滩见证这一刻。

“3，2，1，起爆！”13时50分，随着一声令下，“轰——”整个大地都在颤抖！巨大而沉闷的爆破声在天空、山谷间回响。犹如地震一般，大地抖动，烟尘腾起，笼罩住了整个炮台山，爆破冲击波震退海水1～1.5公里。等烟尘慢慢降下来，人们才发现，100多米高的炮台山因为内部“奇经八脉”被全部打断，高度下降了近一半。

经过测算，当天爆破点震动相当于4.5级地震的震动。远在珠海市区和澳门的居民，也感受到了相当于二三级地震的震动。事后检查发现，爆破比设计的还理想，海平面6米以上的土石严格按要求自己移动，准确度惊人。爆破仅造成附近一些居民房屋开裂，没有造成任何人畜伤亡。当天，总指挥孔宪洪当即在现场召开了新闻发布会，他庄严宣告中国的爆破技术达到了世界先进水平！

举世瞩目的“亚洲第一爆”完美告捷，随后珠海人在欢乐中迎来了新年。1993年3月，近千台大卡车开进炮台山，移山的工作正式开始。1200万立方米土石的搬运工作整整持续了半年。搬运下来的土石，正好就近用在珠海机场的跑道建设上，还有一部分则用于填海造地。

1993年5月，时任中央军委委员、国务委员、国防部部长迟浩田到珠海机场建设现场视察，看到热火朝天的建设场面，十分感动。后来，他一时兴起，还挥笔写下“新愚公移山”这五个字送给时任珠海机场公司筹建处主任余荣霭。这也是对珠海特区人愚公移山、敢为人先的极大鼓励。

随着炮台山爆破的完成，珠海机场的建设全面加快，于1995年6月建成启用。一个按照年吞吐量1200万人次的国际机场设计建设的，当年全国规模最大、设施最先进的现代化机场，从此扎根在珠海特区的大地上。

后来，解放军出版社出版了小叶秀子著的《天下第一爆——记震惊世界的珠海机场大爆破》，该书详细记录了这次大爆破。书中称赞，移山填海的当代“精卫”们，在中国民用爆破史上为人类树起了一块里程碑。

（采写：廖明山）

03 经济发展与环境保护双赢

余荣霭口述珠海在4个月内连续荣获3项国内外大奖

余荣霭，时任珠海市副市长。

1998年对于当时还很“年轻”的珠海来说，是不平凡的一年——在经济特区设立的第19个年头，珠海一口气拿下了国内外的3项至高荣誉。

十几年的发展之路，珠海定位清晰、思路明确，就是要走出一条不一样的可持续发展道路。在经济建设的同时，这颗位于珠江口西岸的南国明珠始终把“牺牲环境”作为不可触碰的红线，倔强地坚持着。

当年的9月、11月、12月，这样的坚持获得了肯定。珠海先是在全世界450多个城市中脱颖而出，荣获联合国颁发的“改善居住环境最佳范例奖”，然后又先后被评为第一批“中国优秀旅游城市”、第一批“国家环境保护模范城市”。

经济发展要与环境保护双赢

9月：迪拜

余荣霭用20分钟向全世界介绍珠海

“改善居住环境最佳范例奖”是由联合国人类居住中心创立的一项全球大奖，每两年评选一次，1998年是第二次评选。当时建设部推荐珠海参加评选，要知道，参加评选的有全世界450多个城市，而珠海最终以总分第一名捧得大奖，没有辜负建设部对珠海的信任。

当年《光明日报》报道：珠海市自1979年建市以来，致力于改善和保持城市环境，始终坚持“环境优先”的城市建设与经济建设方针，将昔日荒凉落后的渔村小镇建设成为生态环境优美的海滨城市。这次获得“改善居住环境最佳范例奖”说明他们的努力已经得到了国际社会的认可。

珠海十几年的特区发展速度虽然不及深圳，但从一个边陲小镇发展成为一个初具规模的特区，这样的速度也不一般。在经济发展的同时，珠海非常注重环境保护，明确不能以牺牲环境换取经济的发展。这一理念时至今日仍是珠海城市发展的核心所在，引领着珠海走上一条不同寻常的发展之路。

20世纪90年代初，在市委书记梁广大的带领下，珠海规定市区范围内要取消烧煤这一效能低、污染大的生产方式，这意味着在珠海，烟囱只能出现在磨刀门以西的西部地区。同时，由于不少企业依山而建，对山体植被破坏极大，珠海也将之全部取缔。每个企业的赔偿都有数千万元。在当时那个年代，在财政收入有限的前提下，市委、市政府有这样的魄力实属不易。

除了触之可及的一些对珠海环境影响明显的企业之外，珠海又将环境保护的工作重点放在了已引进的一些涉污企业身上，规定如果企业排污达不到规定标准，那么必须限期整改，整改仍不合格的，要求关停。记得当年珠海有1/3的排污企业因排污不达标而被关停。有了这些教训，珠海在企业引进方面可谓严之又严、慎之又慎，对于污染企业毫不犹豫地说“不”。

正是在经济建设与环境保护齐头并进的发展浪潮中，珠海荣获联合国颁发的“改善居住环境最佳范例奖”。这一奖项的核心在于“协调”二字——经济发展与环境要协调、与人口增长要协调、与社会建设要协调等。当得知珠海获奖后，主办方告知珠海的负责人要在颁奖大会上做20分钟发言。对于名不见经传的珠海来说，这无疑是一次展示形象、对外宣传的最佳时机。

还剩5分钟、1分钟……站在联合国“改善居住环境最佳范例奖”的颁奖台上，面对来自世界各地数百个城市和地区的代表，余荣霭向他们详细介绍了珠海在环境保护方面所做的努力，以及整个城市的发展规划。由于时间限定在20分钟，最后余荣霭不得不加快语速，将准备好的发言内容完完全全地传递出去。

11月：桂林

余荣霭从国务院副总理手中接过奖牌

1998年11月，全国旅游工作会议在广西桂林召开。余荣霭作为市政府分管旅游的副市长，带队参加了这次会议。此行还有另外一个目的——参加首届国家旅游模范城市的颁奖典礼。

珠海建市十几年来，在城市建设、环境保护、公共交通建设、旅游设施建设等方面都取得了很大的进步，加之毗邻港澳这一特殊的区位优势，国家旅游局在举办本次评选的时候，专程推荐珠海参加。最终，珠海不负众望，与深圳、大连、桂林、厦门等6座城市获评第一批“中国优秀旅游城市”。颁奖典礼上，余荣霭作为珠海市的代表，从钱其琛副总理的手中接过了奖牌。

获此殊荣，珠海可谓实至名归。这次评选，除了国家旅游局推荐之外，其他城市也可以自行报名参评。评选有一套完整的硬性指标体系，比如旅游接待条件、城市相关配套、基础设施建设、公共交通条件、人才队伍建设等，经过综合评比最终确定了首批6座城市。

1998年的珠海人口仅有60多万，相比于其他几座获奖城市，珠海的规模并不大，但每年到珠海旅游及从澳门出入境的就有几千万人次，能够从容地接待数量如此庞大的旅客，可见珠海的旅游接待水平无疑是一流的。

此外还可以佐证的是，当时珠海仅五星级宾馆就有5家。珠海能够脱颖而出的另一个原因是公认的良好的生态环境，可以“罐装出口”的空气为珠海赢得了美誉，休闲度假之城也成为珠海的一个重要标签。

发挥海洋优势是珠海旅游产业发展的方向，虽然当时海岛旅游还没有真正地被挖掘，但市委、市政府已经意识到海岛旅游的潜力。余荣霭还专门带队去了一趟马尔代夫，看看“千岛之国”是如何将旅游产业发展得这么好的。随后，他委托中山大学重新对珠海旅游进行了整体规划，尤其是完善海洋旅游产业规划。

十几年来，珠海海岛旅游越来越活跃，海岛设施逐步完善，“一岛一品”的特色也慢慢显现。桂山岛、万山岛、东澳岛、外伶仃岛等，都已成为市民及周边城市居民休闲旅游的好去处。同时，珠海旅游发展向西不断推进，乡村旅游成为珠海一道亮丽的风景线。东部海岛、中部休闲、西部乡村，珠海旅游全面开花，差异化发展道路也进一步丰富着珠海旅游的内涵。

1998年9月至11月，珠海先后获得“改善居住环境最佳范例奖”和第一批“中国优秀旅游城市”称号，每一位珠海人都以此为荣。当时还有一个构想，把这两项“大奖”摆放在中大五院对面草坪上和海滨泳场里，以鼓励珠海人积极投身社会建设，把珠海的城市名片擦得更亮。

12月：北京

珠海就是名副其实的环保模范城

就在珠海获评第一批“中国优秀旅游城市”后仅仅一个月，捷报再传，经过严格考评，珠海成为第一批“国家环境保护模范城市”。珠海经济发展不以牺牲环境为代价，始终把环境保护作为城市发展的重要理念，获得这一大奖，并不意外。

环保模范城的评选与优秀旅游城市的评选一样，都唯指标和数据说话。环境质量、空气质量、工业排污处理率、生活污水处理率、城市绿化率……每一项指标都根据评选规则换算成相应的分数，相加后获得的总分就成为一座城市能否获评环保模范城的唯一参考。

这项评选从1998年3月开始申报。当时大家看到所有申报材料后，就心中有数，珠海就是名副其实的环保模范城。需要考评的每一项指标，珠海都有据可查，而且各项指标完全符合环保模范城的评判标准。

余荣霭记得当时有一项指标是生活污水处理率不能低于60%，实际上，当时珠海的生活污水处理率已经达到80%。在空气质量方面，环保部门每天、每月、每年都有真实的监测数据，空气质量远远高于国家标准的珠海，这一项的得分一定是最高的。时至今日，珠海的空气质量在全国仍然处于前列。

为了推动环保模范城的迎检工作，在前期筹备的过程中，余荣霭和他的团队还广泛开展宣传，通过调查问卷等多种方式，让老百姓都知道珠海正在积极参加全国环保模范城的评选，也希望广大市民能够弘扬主人翁精神，从身边的小事做起，保护好我们赖以生存的环境，推动人与自然和谐发展。

经过初评、总评，珠海最终与深圳、大连等其他5座城市一起获评第一批“国家环境保护模范城市”。1998年12月，时任市委副书记雷于蓝带队去北京领奖。此后，珠海召开总结会议，表彰了一批在创建“国家环境保护模范城市”过程中涌现出的先进集体和个人。这次评选算是告一段落。

获此殊荣，更加坚定了珠海走出一条经济发展与环境保护相协调的均衡发展之路的决心。可喜的是，最近十几年来，珠海在这条科学发展之路上昂首前进，不断取得更大的成就。

（采写：靳碧海）

04 拍摄两万余张老照片记录珠海变迁

“活化石”李志均讲述特区故事

李志均，1954年在珠海县水产办工作1年多后调到珠海县商务局担任秘书，后任珠海县文化馆美工组美工。

李志均拍摄2万多张照片记录珠海变迁

40年前的珠海长什么样？搜寻珠海的历史影像，李志均的名字频频出现在一张张老照片下方。今年87岁的李志均曾当选珠海年度文化人物，50多年间他先后拍摄了2万多张珠海各时期的老照片，被誉为见证珠海变迁的“活化石”。

李志均是广东中山石岐人，1954年，年仅20岁的他来到珠海，在珠海县水产办工作一年多后调到珠海县商务局担任秘书。因自小学习美术、书法，李志均常被抽调筹办各类展览活动，这令他早早接触到当时仍属新潮的摄影艺术，自此“一发不可收”。工作、结婚、生子、退休，李志均的主要人生轨迹均在珠海写就，而他也用手中的相机记录了珠海的变迁。

记录珠海城市发展脉络

笔者来到李志均家中拜访，87岁的李志均看起来精神抖擞、红光满面。他向笔者展示家中珍藏的老照片：渔民采蚝满载归来、工人在车间认真劳作、拱北宾馆热火朝天的建设场景、九洲港码头开放投用的热闹场面……

九洲港一览

一张张老照片背后蕴藏了时代发展的脉络。

1972年，38岁的李志均被分配到当时的珠海县革命委员会毛泽东思想宣传站（文化馆）美工组，成为一名专职的美术工作者，并且拥有了第一台照相机。“我拍摄的大多是平民化题材，很少有机会拍到各类重大活动的精彩瞬间，因此‘难登大雅之堂’。”李志均谦虚地说。正是这些平凡的人物和瞬间，凝聚了珠海改革开放40年的珍贵记忆。

迄今为止，在拍摄的2万多张照片中，哪张照片最难忘、最珍贵？“最难忘的就是珠海市人民政府挂牌的时刻。”李志均不假思索地回答，眼睛里光彩熠熠。1979年3月，珠海建市。1980年，珠海经济特区建立。1980年11月24日至30日，珠海市召开第一届人民代表大会第一次会议，全市人民无不欢欣鼓舞。会议召开前一晚，李志均激动得难以入眠，第二天一早就奔赴会场拍摄会议照片。

“为了打闪光灯，当天我在腰间挎着一个手袋大的电瓶走来走去，造型很引人注目，还有市领导打趣说‘你这套设备可以用来煲开水了’。”李志均回忆道。会议结束后，珠海市新领导班子成员精神抖擞地走出大会堂，护送珠海市人民代表大会常务委员会、珠海市人民政府牌匾到市政府举行挂牌典礼。

1980年11月，珠海市人民代表大会常务委员会、珠海市人民政府挂牌

“我立刻意识到这是一个历史时刻，马上紧跟队伍，从当时的渔民会堂一直步行至市政府门前。”从队伍的行进、挂牌的瞬间到新班子成员的合影，李志均一路拍摄。就这样，珠海市人民代表大会常务委员会、珠海市人民政府挂牌成立，珠海走进新时代的一刻被李志均定格在镜头下，成为今天仅存的、格外珍贵的历史画面。

火热的特区生活燃烧着李志均的创作激情，他踏入了摄影生涯的黄金时期。拍日出、拍晚霞、拍建设场面、拍生活细节……李志均拍摄的数万张照片记录了珠海产业发展、城市建设、交通运输、民风民俗等的变迁。

一张张黑白照片诉说着珠海经济特区筚路蓝缕、日新月异的发展历程。1978年11月，国内首家“三来一补”工业企业——香洲毛纺厂在珠海破土动工，李志均借来相机记录下这座6000多平方米厂房落成的情形。“这可是当时珠海的‘明星企业’，我就想让外面的人看看这家企业，看看珠海有多好，吸引更多人来投资。”李志均回忆说，“当时我就有预感，将来珠海肯定要大变样。”

李志均的期待没有落空。随着香洲毛纺厂、香洲船厂这些“明星企业”的落成，越来越多的项目选择在珠海落地，珠海在多个领域实现了从无到有、从有到新。2016年，国内首家研发、制造无人船艇的云洲智能落户珠海，建设中国首个无人船测试基地；2017年，珠海欧比特首发了“珠海一号”卫星星座01组两颗视频卫星，填补了国内商用航天高光谱及卫星大数据应用领域的空白……

除产业建设外，珠海城市交通的“升级”也让李志均感慨良多。“以前从珠海到香港须经过澳门，去广州要经过4个渡口，早上出发晚上才能到达。”李志均说，“现在乘坐高铁从珠海到广州最快只需52分钟，坐车从港珠澳大桥到香港口岸不到1小时，实在太方便了！”

用影像让更多人爱上珠海

拍了半辈子珠海的李志均，始终没有忘记自己的初心：向外展示珠海。“我要让更多人了解珠海、爱上珠海，愿意来珠海发展，愿意建设珠海。”

李志均向记者展示他于1980年拍摄的作品《珠海香洲全貌》。这张照片背后还有一个惊心动魄的故事。当时李志均爬上凤凰山拍摄香洲全貌，为捕捉最佳的光影瞬间，登顶后他在烈日下暴晒了四五个小时，饥渴之下只好扯几片树叶塞入口中咀嚼解渴。突然，一大片乌云向山顶加速移动，李志均只好仓皇下山，一不留神还走错了路。“等找到正确路线返回家中时已是深夜11时，家人心急如焚，差点闹出失踪事件。”回忆起拍摄背后的故事，李志均忍俊不禁。

从事摄影工作以来，李志均的摄影作品被陆续刊登在《文汇报》《中国日报》《南方日报》《澳门日报》等大小报刊上，近400张照片向外界展示着珠海风貌的改变，为提高珠海的知名度、美誉度贡献力量。其间，李志均还先后参与了《中国珠海》《珠海经济年鉴》《珠海特区调研》(特区探索）等珠海经济特区建立初期重要出版物的摄影、编撰工作，系统性地梳理了珠海各时期的发展脉络。2013年，珠海市博物馆为李志均举办了一场以“岁月留痕”为名的老照片摄影展，让更多珠海市民“零距离”接触珠海珍贵的“活画面”。

年纪渐长之后，李志均终于放下了手中的相机。如今他习惯每天早上走出家门，到扬名广场附近买份报纸，再到海边散散步。“很庆幸能亲眼见证这个好时代，我相信‘湾区时代’的珠海会迎来新的发展机遇。”李志均说，余下的人生时光，他要用眼睛来看这座城市的繁盛，用心来感受这座城市的脉动。

（采写：廖明山、佘映薇）

05 独具特色的珠海电影节

李焕池口述珠海电影节的来龙去脉

李焕池，时任珠海市委副书记。

当时策划筹办珠海电影节时，我担任主管文化的珠海市委副书记。我认为珠海是很适合举办电影节的城市。珠海环境优美、交通方便——澳门与珠海一河之隔，香港和珠海不过一个小时的水路，而从台湾飞到珠海，也不过两个小时左右。那时，港澳尚未回归，台湾与内地往来较少，在珠海这个便捷的交通节点上办一个电影节，创造一个良好的环境，让内地（大陆）与港澳台文艺界互相了解、互相交流，增进友谊和信任，这个主意不错。

缘起

关于珠海办电影节的缘起，我觉得要追溯到1992年。那一年夏天，在珠海宾馆，由一企业组织举办了一次题为“珠海国际影视娱乐城研讨会暨国际新潮电影展”的研讨会。当时国家新闻出版广电总局副局长包同之、我，还有谢金雄、雷于蓝、林保万、唐榕达等珠海市一些领导参加了该会议。这个研讨会可谓盛况空前，出席研讨会开幕式和参加研讨会的国内著名影视专家、导演、表演艺术家、作曲家、舞蹈家等就有50多人。这件事记录在珠海档案馆编制的《珠海市二十年大事记（1979—1999)》里。

这次研讨会也许可以算是珠海这个城市与电影活动首次产生联系。20世纪90年代，邓小平同志两次南方视察，改革开放如火如荼，珠海作为经济特区，理所当然地走在全国前列。经济在改革开放，那么文化应该如何发展、改革呢？当时文化部门也在考虑这个问题。那次研讨会后，虽然所谓的国际影视娱乐城后来没有了下文，但是与会专家关于“珠海可以办个电影节”的思路得到一致赞同。经过一番思考，我的头脑里慢慢有了一个雏形，我也觉得珠海可以办电影节。

后来，我把这个想法向时任珠海市委书记梁广大同志汇报，他很赞同，表示要慎重谋划组织。因为当时环境与今天大不相同，在20多年前的环境下要办一个融合内地（大陆）与港澳台的电影节，确实是“大事件”。

领导决策后，我几次到北京向有关部门汇报，当时的广电部副部长田聪明，国台办副主任、海协会常务副会长唐树备都表示支持。经过多方努力，批文终于下来了，上级主管部门同意珠海办电影节——“经中华人民共和国广播电影电视部批准，由广东省珠海市人民政府主办的永久性国家电影节，两年举办一次。”

定位

拿到批文了，珠海电影节该办成什么样子呢？1992—1993年，中国先后举办了第一届中国长春电影节和第一届上海国际电影节，各有各的主题侧重。珠海办电影节应该选准怎样的定位，既与这两个电影节有所区分，又能独树一帜呢？对于这个问题，我向有关领导请示过，他们给了很多有益的参考意见和建议。我们综合考察国内的电影节市场，觉得珠海的地缘优势就为电影节的定位提供了非常好的空间。长春电影节在东北城市长春举办，主攻内地电影；上海国际电影节在长江流域的上海举办，主打国际品牌；珠海地处华南地区，与香港、澳门、台湾三地相近，就利用这个优势，珠海电影节专攻内地（大陆）与港澳台电影界的交流。这样一来，三个电影节分工明确、互为补充，办得好，还可以为未来“中国三大电影节”格局的形成造就坚实的基础。

以内地（大陆）与港澳台电影界交流为主打的珠海电影节，第一届组委会主席由梁广大担任，第二届组委会主席由时任市长黄龙云担任，两届执委会主席由我担任。我们还请来时任全国政协副主席叶选平担任电影节的名誉主席。他多次鼓励我，一定要下点功夫把电影节办好，并为电影节题了词："团结、交流、创新、繁荣"。这8个字成了我们举办电影节的宗旨。执委会的成员满怀信心，把珠海电影节比喻为一条"友谊的纽带"，紧紧地把我们连在一起，开创中国电影事业更加光辉的明天！

盛况

1994年6月15日至19日，"第一届中国珠海海峡两岸暨香港电影节"隆重举行。为了扩大参与范围，第二届电影节则改名为"珠海电影节"，并于1996年12月18日拉开帷幕，时间为5天。

两届电影节真的可以用"星光璀璨""盛况空前"来形容。

第一届展赛的影片有40多部，第二届展赛的影片有70多部。据媒体报道，观看第一届电影节影片的市民有30多万人次，第二届有50多万人次。出席每届颁奖晚会的嘉宾、观众都有数千人。对于一个只有100多万人口的城市来说，这个数字是相当可观的。

出席电影节的嘉宾，每届都超过1000人，其中导演、演艺界著名人士、歌唱家、文化艺术界著名人士有100多人。还有100多名中国内地、港澳和美国华文报的记者参与。其中，有的是没有得到大会邀请而自发前来的。

令我最难忘的是，时任中共中央政治局委员、国务院副总理钱其琛，全国政协副主席叶选平、马万祺，以及海峡两岸关系协会常务副会长唐树备等领导参加了电影节的颁奖典礼，并给予电影节较高的评价。这也说明上级领导对珠海电影事业的肯定和支持。

电影节在一片祥和、欢庆的气氛中落下帷幕，大家临别依依、互相祝福，相约下一届电影节再度相逢。有一位台湾艺术家拉着我的手说："海内存知己，天涯若比邻，我们是'邻居'啊！我会经常回来'探亲'的！"我频频点头称是。而对下一届电影节，他们都寄以更大的希望。著名电影艺术家孙道临说："珠海作为一个迅速崛起的现代化城市，正在为中国的电影事业做出巨大贡献。珠海电影节的影响必将广及全球华人；珠海电影节完全可以发展成为一个国际华人电影节。"

两届珠海电影节安排了影片比赛、影片展映、影片学术研讨及升旗仪式、开幕式、闭幕式暨颁奖晚会等一系列盛大活动。在第一届电影节期间，香港无线电视台无偿对颁奖晚会进行了现场直播，光设备就运了7辆大卡车来。在颁奖晚会上，首届"飞龙奖"揭晓，颁出了最佳故事片、最佳导演、最佳男主角、最佳女主角等九大奖项。

当时，获奖者会获得奖杯和奖金。每个电影节都有一个最高奖项，这个奖项会有一个响亮的名字。其实，最早我们想把珠海电影节奖项名称定为"金龙奖"，国际上有"金球奖"，我国内地（大陆）有"金鸡奖"，香港有"金像奖"，台湾有"金马奖"，似乎"金"字也应该沿用到珠海电影节上。但后来我们集思广益，还是定名为"飞龙奖"。这个"飞"字好啊，"一飞冲天"，加上"龙"是中华民族的文化图腾，寓意中华民族电影文化事业的腾飞，更暗喻内地文化与港澳台文化同宗同源。此外，当时更令人震动的是奖金。珠海电影节延续了1992年引发全国轰动的百万科技重奖思路，倡导精神、物质双重鼓励，奖金总额50万元，其中最佳影片奖金10万元，其他奖项5万元。在20世纪90年代，这算是大奖了。一时间，有人把珠海誉为中国甚至亚洲的戛纳！其实，珠海和戛纳一样，都是美丽的南部海滨小城，没有自己的电影机构、电影制片厂，但同样办起了电影节，创造了自己的辉煌。

第二届电影节结束后，我们根据各界人士的建议，决定下一届电影节，除内地（大陆）和港澳台地区外，还将逐步接纳评选海内外由华人担任主创人员的影片，朝着国际华语电影节的目标发展，让世界了解珠海，让珠海走向世界！

停办

第二届电影节期间，港台电影界人士向我建议，要搞电影节就搞好一点，建一个电影城，把内地与港澳台电影方面的财力、人力、物力集中起来，形成一股合力，同时创作好的电影剧本，在电影城拍摄一些好电影，向世界进军，让华语电影在世界上占有一席。这是从珠海电影节朝着国际华语电影节的宏大目标发展的定位而提出的。

不久，在台湾影视界的牵线搭桥下，台湾一家大企业同意在珠海投资建设影城。我们带着他们参观珠海的环境，进行选址。后来在金鼎选了一块地，很快又做好了规划，当时珠海市政府也很支持，决定先划地7平方公里，一期工程占地3平方公里，投资5亿元人民币，兴建包括影视基地、明星酒店、高尔夫球场、影剧院等。可是，过了不久，就传出珠海电影节要停办的消息。

虽然珠海电影节停办了相当长的一段时间，但是，内地与港澳台影视文艺界人士相聚和谐、欢乐的情景，依然深深地铭刻在我心中！

（采写：陈素璧）

06 赛车让世界更加了解珠海

余炳林口述珠海赛车运动的酸甜苦辣

余炳林，时任珠海市副市长。

1993年，珠海举办了中国内地首个街道汽车赛；1996年，中国的场地赛车从珠海起步；2015年9月19日，珠海九洲控股集团与马来西亚林木生集团签订合作协议，双方将就“珠海国际赛车场升级改造项目”开展合作，为珠海打造一座充满赛车元素与澎湃活力的中马文化交流中心，为全国运动类场所改造提供模板。

回首20多年来珠海赛车的光荣与梦想、期待与辉煌，当年的亲历者、1993年珠海街道汽车赛组委会主任、时任副市长的余炳林感慨颇多。

缘起

“以1993年珠海街道汽车赛的举办为标志，中国进入了轰鸣时代。”说起珠海和赛车的缘分，余炳林很风趣，“确切地说，是赛车找到了珠海。”

作为当时主管珠海农业的副市长，在此之前余炳林从来没有想到会和赛车结缘。余炳林说：“当时的农委是市政府组成部门，主管全市的农业生产。有一天，农委主任突然找到我，告诉我有马来西亚的外商想要投资做赛车场。我心想这样的投资为什么会找到农委呢？原来是因为农委有地。当时政府还没有国土部门，很多土地都在农委这边统筹安排。而赛车场需要用到很大的地，所以外商一过来就找到了我们。

“可是，办场地汽车赛，在全国没有先例，我们没有场地，没有相关的政策，没有赛事经验，没有市场，甚至没有能够对口的主管部门，完全是一片空白。但是，当时我们确实是胆子大，敢闯敢干！而且珠海如果要办赛车也有珠海的优势。我们毗邻港澳，每年的澳门格兰披治大赛车，让我们对赛车项目有一定的了解，干起来也有可供借鉴的经验和可供借用的专业赛事组织者。当马来西亚方面的人士和我洽谈这个项目的时候，我立即表示支持，并当即向市委、市政府报告，得到了时任市委书记、市长梁广大同志的大力支持。”

申办

余炳林回忆说：“刚开始开展赛车项目，我们的目标就非常明确，我们要做中国第一：第一场场地赛、第一条赛道，我们要为中国赛车开创一条新路！但是，事情要真正开始干了，才知道困难有多大！”

“当我们准备向国家体委申报赛车场项目时，国家体委有关负责同志很惊讶。他说：‘赛车场不仅建设投入大，而且养护起来也很花钱，你珠海养得起吗？’他还举了一个活生生的例子：‘曾经有外商想要在北京捐助建设一条汽车赛赛道，我们在综合了解各方情况之后就发现，即便是免费的赛道，日常维护开销也是一笔惊人的数字，按照当时的赛车产业状况，根本养不起，所以最后婉拒了。’”

面对困难，珠海走了一条不一样的道路。“政府支持、企业为主、市场运作，这是我们为赛车场项目制定的运作方针。”余炳林说，“由政府给出优惠政策、依托外商投资，中外合作让这个项目能有效运行。这样的项目合作模式在今天看来，依然是很先进、很实用的，在当时来说，的确是开了先河。具体来说，就是由我们提供土地资源，外商出资建赛道。市政府解决了土地资源问题，将土地成本挂账处理，待赛车场盈利后归还。另外，为了解决赛道的养护问题，我们还给赛车场配套了一个高尔夫球场和一个综合发展项目。这样一来，赛道的日常管理维护等经费问题也就能得到妥善解决。后来运作了10多年，每逢赛车场资金困难，都是由高尔夫球场的收入弥补的。”国家体委在考察了珠海的方案后，认为这样的模式具备可操作性，就批准了这个项目。

开赛

成功立项之后，珠海国际赛车场开始筹建。当时合作双方的目标是建中国第一座符合世界一级方程式锦标赛（F1）的赛车场，并将F1引入中国。而F1当时的规定是，一个地方要想申办F1赛事，必须有三年的比赛运作经验。

余炳林说："我们讨论决定，一边建赛道，一边组织街道比赛，这样一来既取得了比赛组织经验，又不耽误赛道建设，同时又给赛道聚集了人气。按照我们当时的想法，我们举办三年街道赛，三年后赛道建设完工，刚好接着申办F1，这样两边都不耽误。"于是，中国第一场场地赛——珠海街道汽车赛于1993年揭开了帷幕。

余炳林说："为了办好街道汽车赛，市委、市政府做了大量的工作。澳门格兰披治大赛期间，我们组织了大量的工作人员去澳门学习，了解什么是赛车、怎么办赛车。

"但是，赛事组织经验不是看看就能得来的，我们又向具有丰富赛车经验的香港赛车会寻求帮助。香港赛车会对珠海街道汽车赛给予了大量的支持，从赛事申报、组织到现场管理，他们全程指导。香港赛车会的加入，给我们办好街道汽车赛增添了很大的信心。

"接下来，是更加烦琐的赛道设计、布置工作。为了赛事安全，我们封闭了很大一片街区。7公里的赛道，我们做了很多1吨重的水泥墩，将赛道两边都封上，再布置轮胎墙。市委、市政府对赛事的支持力度真的很大。部分街道不符合比赛要求，马上展开市政工程平整重修街道；比赛期间，警察和武警都过来帮忙，维持秩序、指挥交通，以保障赛事顺利进行。可以说，没有珠海市委、市政府的支持，没有相关部门的帮助，也就没有这个街道汽车赛。

"尽管各方面都大力支持，但对于汽车赛来说，运作费用还是一笔惊人的数目。当时光是封闭街道的预算就达到了500万元。钱从哪里来？组委会于是组织人员到处找赞助。结果因为是中国第一次办场地赛，而且

FIA GT大奖赛级别很高，业内知名度高、影响大，很多商家都很感兴趣，最终我们筹到了1000万元，保障了比赛的顺利进行。”

尽管有点磕磕碰碰，更多的是摸着石头过河，但是，1993年珠海街道汽车赛最终成功举办，在国际、国内都引起了很大的轰动。

余炳林说：“我记得当时有一家德国主流媒体在头版头条报道珠海街道汽车赛，标题就是《中国进入轰鸣时代》，这完全可以写入珠海的历史，同时珠海也开启了中国赛车的新篇章。”

“当年珠海街道汽车赛的成功举办，也让世界更加了解了珠海，大大鼓舞了我们加快特区建设的信心，也坚定了我们坚持改革开放的决心！”

“现在回想起来，当年都不知道哪里来的那么大胆子。当时就只想到办比赛、办好比赛，完全没有想到如果出事怎么办。现在回想起来，真是无知者无畏，一阵后怕。那次车赛，有一台法拉利起火烧得只剩架子，还好没有人员伤亡。还有一台赛车的轮胎脱落弹出越过观众区，飞了很远，幸好没有砸到围观的人。我们当年实在是太幸运，幸运到现在我们都不敢想。于是三年街道汽车赛顺利办了下来，还开创了中国场地赛的先河，实在是老天眷顾。”

转型

余炳林自豪地说：“如果说街道汽车赛是一个新的尝试，那么，场地汽车赛的举办又是一个质的飞跃。”

“中国珠海国际汽车赛”于1996年11月1日至3日在新落成的珠海国际赛车场举行。3天时间共进行全球GT耐力赛、埃尔夫康巴斯方程式大赛、东南亚方程式挑战赛、超级跑车赛、三菱LANCER中国车手挑战赛、首届中国国产汽车赛、老爷车赛等多项赛事，参赛车辆多达250部。来自德国、英国、法国、丹麦、芬兰、荷兰、瑞典、瑞士、意大利、奥地利、加拿大、澳大利亚、泰国、印度尼西亚、新加坡等国，以及中国内地（大陆）和港澳台地区的300名车手参加了这次赛车盛会。

“国际顶尖的迈凯伦车队、保时捷车队和法拉利车队都派出了最优秀的车队。这也是在中国第一个符合一级方程式汽车赛的场地上进行的第一次国际汽车赛。3天的比赛共吸引15万名观众现场观赛，最多的一天超过7万人。”回忆当年的赛事盛况，余炳林如数家珍。

“1996年在中国第一个国际赛车场举行的‘中国珠海国际汽车赛’，掀开了中国赛车史上新的一页。”余炳林说，“这是毫无争议的！”

珠海国际赛车场是中国第一个永久性的国际赛车场，这条获得国际汽车运动联合会（FIA）批准、长4.32千米、符合国际标准的珠海国际赛道注定要成为亚洲的赛车中心。珠海国际赛车场的主要设计顾问是澳大利亚的中国赛道顾问公司，一个包括Kinhill工程公司（现名HALLIRTONKBR）的社团，也是一级方程式赛道的设计及工程管理公司。1999年，著名的F1赛道设计师Tilke Gmbh对赛道进行了升级改建。

珠海国际赛车场为世界一流赛车手壮观的超车表演提供了具有挑战性的弯道，顺时针方向的赛道有4个向左弯，10个向右弯，两条分别长900米及500米的直道。

珠海国际赛车场的设计结合了由FIA和国际摩托车赛车协会（FIM）批准的一级方程式及500cc摩托车格兰披治的条例及规格。其中900米的主直道由一个快速弯道紧接500米直道，最高速度可超过300千米/时。赛道宽12米，维修站外直道宽14米。赛道的结构层共有4层：最底层碎石层高15厘米，第二、第三层是沥青混凝土层，最上层为沥青面层，所有沥青均为改性沥青，这种沥青熔点很高，高温下不易变黏。

余炳林说：“1996年秋天，珠海引起了世界的广泛关注，‘中国珠海国际汽车赛’和首届中国国际航空航天博览会两大盛事相继在珠海举行。两大活动的成功举办都向世界展示了珠海人敢为天下先抢占制高点、增创新优势的气魄和胆略，不仅展示了珠海人卓越的组织工作能力，也展示了珠海对外更加开放的形象。两大活动相互辉映、相互促进。航展的组织动员，为车赛营造了良好的社会氛围，车赛是航展的前奏和各项工作的检验。1996年举办的‘中国珠海国际汽车赛’也得到了国际汽联和亚洲汽联官员以及众多车手的高度称赞。”

国际汽联负责亚洲事务的顾问铃木说，珠海国际赛车场从设计到建造目前都属亚洲一流。目前在亚洲够得上A级（国际一级方程式）的，印度尼西亚有1个，日本有4个，加上珠海这个有6个。在这6个A级赛车场中，珠海赛车场最新、最好。铃木当时认为这是珠海成为亚洲汽车运动中心最有利的条件。

在激烈的比赛结束后，车手们都对赛道赞不绝口。麦纳伦GTC车队第一车手英国选手贝尔文就说，珠海赛道堪称一条专为一级方程式大赛修建的跑道。在亚洲方程式巡回赛中夺魁的印度车手卡迪革耶也说珠海赛道是亚洲最好的。

珠海赛车最重要的目标是举办F1赛事，可是就在F1赛事即将落地珠海之时却最终花落上海。

谈到这里，余炳林虽感遗憾但并不失落："我们当年的目标是要让F1进入中国。从这个角度来说，我们的目标也达到了。而且，F1进入中国后，很多技术力量、赛事管理和组织的专业人员都是从珠海出去的。可以说，珠海是中国场地赛车界的黄埔军校，这里培养了大批有生力量。"

光阴似箭，珠海国际赛车场建成20多年之后的今天，又将迎来新的发展机遇。余炳林，这位珠海赛车运动的"缔造者"依然对赛车充满深情："我相信，赛车运动在珠海一定会发展得越来越好！"

（采写：陈惠贤）

07 特区同龄人 情系“蓝天梦”

林洁如坚守16年经历8届航展

林洁如，珠海航展公司招商团队负责人。

生在江门的林洁如，注定与珠海有缘。

1980年8月26日，珠海经济特区正式建立，林洁如在这一天出生。

谁也想不到，11岁那年她随父母来到珠海，大学毕业后，24岁那年加入珠海航展公司，从此，林洁如的职业生涯便和珠海这座城市同频共振。

从“看航展”到“办航展”

1996年秋天，珠海一鸣惊人，首届中国国际航空航天博览会在这座城市举行。从这一年起，每逢双年的秋天，都有一曲激昂的“蓝天交响曲”响彻珠海湛蓝的天空。

11岁时，林洁如跟随父母搬到珠海。初次接触航展时，林洁如还是名学生。2004年大学毕业，林洁如加入珠海航展公司。

特区同龄人林洁如情系“蓝天梦”

从“看航展”到“办航展”，林洁如完成了身份的转换，也见证了中国航展从惊艳面世、艰难迷茫到砥砺探索、再创辉煌的历程。

与范堡罗航展、巴黎航展等具有百年历史，专业化水平和市场化程度更高的国际航展相比，服务保障滞后，市场化、专业化水准不高曾是中国航展的痛点。

“譬如，早年的航展并没区分专业日和公众日，看似人头涌动、热闹非凡，但有不少专业参展商却对中国航展产生了‘不够专业’的印象，最后不愿来珠海参展。”林洁如回忆。从第三届开始，中国航展严格区分专业日和公众日，从而为参展商及专业观众提供了一个舒适、安静的环境，便于友好交流和会晤洽谈。

林洁如坦言，入职时中国航展举办了4届，分类观展的问题解决了，可仍有不少痛点待破，这也迫使林洁如和更多航展人全力以赴求变求进。

2005年，林洁如首次前往巴黎航展做招商宣传。珠海在国际上知名度太低，这一度成为她推进工作面临的最大难题。“别人问得最多的问题就是‘珠海在哪里’。”林洁如一度为此发愁。

除了团队花尽心思把工作做细、做好宣传外，珠海近10年的迅猛发展，也为珠海提高知名度开出了良药。“从昔日边陲小镇变成大城市，越来越有国际范，道路四通八达，机场等硬件设施也越来越好。”林洁如说，“现在一说到中国航展，大家就知道是在珠海！”

“空中巨无霸”真的来了

在2005年的巴黎航展上，林洁如第一次见到了全球最大的宽体客机A380，她被深深地震撼了。“那时候我就想，A380要是能来珠海就好了。”3年后，A380在第七届中国航展上首次亮相，林洁如的美好期望实现了。

历经20多年发展，如今的中国航展已经跻身世界五大航展之列，实现了展览面积从8000平方米到超10万平方米庞大规模的跨越，世界百强企业参展比例大幅提高，国内十大军工企业大规模参展。

在林洁如看来，中国航展如同向世界打开了“另一扇窗”。如果将中国航展的20多年历程看作一组长镜头，那么从新一代隐身战机歼-20公开亮相到大型运输机运-20从容飞过，从“大飞机家族”重磅成员到形态各异的通用机型并肩展示……在一款款中国造飞机“破茧成蝶”的背后，是中国航空工业蓬勃发展的坚实支撑。

开放与创新，如同静水深流，在中国航展的平台上激扬起朵朵浪花，让这座城市的发展始终与国家战略同频共振。作为中国航展举办地和低空空域管理改革试点城市，珠海在航空航天装备、智能制造装备、海洋工程装备、交通运输装备等产业精心布局，“海陆空+智能制造”装备产业集聚并进。

16年的坚守与见证

坚守16年历经8届航展，林洁如从一名新航展人，成长为珠海航展公司招商团队负责人。

航展人的特质就是一个字——拼。林洁如称：“每届航展筹备工作的开展比大家想象的都要早。每届航展都要提前两年以上做准备，几乎上一届航展刚刚结束，就马不停蹄地开始着手下一届航展的准备工作了。”

从携手空客、波音、霍尼韦尔等“老客户”，到重点突破欧洲国家展团，再到拓展“一带一路”新兴市场……在全球各大优秀展会上，一次次联合招展、上门洽谈、现场签约，为中国航展源源不断地输送新鲜“血液”。通宵工作、周末无休、不间断地出差，成为林洁如工作和生活的常态，所有的奔波与疲倦，只是为了航展顺利举办。

当被问到为何如此拼命的时候，林洁如给出了一个质朴的答案：“这是公司，也是中国航展对我的一份信任，那我就尽我所能。”

即便如此辛苦，但看到开展前的展馆一天一个样，从空无一物到各个展台都装饰得很精美，林洁如心里还是充满了成就感。“最激动的就是开展前一天铺上红毯的那一刻，我觉得什么都值了。”

“珠海在地理位置、城市环境方面具有优势，也具备发展航空产业的基础条件，希望通过我们的努力，能够不断提高航展的含金量、影响力和国际化程度，将中国航展这块金字招牌越擦越亮！”林洁如说。

（采写：钟夏）

08 科技真的是第一生产力

贝华回顾珠海在全国率先出台《珠海市技术成果入股与提成条例》

贝华，时任珠海市科学技术委员会主任。

全国首个公选政府部门一把手

谈起自己的经历，贝华笑着说："我的经历很复杂。"

1995年，作为高级科技人员的贝华从部队转业到珠海，先是在一家私企工作，后来又到一家国企工作。

1998年，珠海市在全国范围内公开招聘市科委负责同志，贝华应聘成功，贝华由此成为我国第一个通过公开招聘选拔当上政府组成部门一把手的人。

组织制定《珠海市技术成果入股与提成条例》

身为高级科技人才的贝华比一般人知道科学技术的重要性。贝华说，1978年召开的全国科学大会，把科技人员定位为工人阶级的一部分，但当时整个社会对科技和知识产权的重要性及保护意识还很薄弱。邓小平同志1992年视察珠海的高科技企业后，提出了"科学技术是第一生产力"的论断。珠海也于当年在全国率先重奖科技人员，同时设立了专项科技奖励基金。之后，科技重奖以及"科技进步奖"评选每年举行一次，这等于把科技成果的价值给确定了，一下子就吸引了海内外一大批科技人员前来创业。先后共有数十个科技项目和突出贡献者获得重奖，18位科技人员开上市政府奖励的奥迪小汽车，23套住宅落在获奖者的名下。

但科技重奖注重的是事后一次性的奖励，而且门槛比较高，奖励的对象主要是一些做出重大科技成果的贡献者，奖励面相对较窄，不利于科技成果的多次转换，容易造成科技成果的被忽略甚至浪费；对于一些成果不是太重大、市场规模不太大以及保密要求比较高的技术等，重奖的“阳光”显然难以照到这些科技的发明人身上，如何充分体现各种科技成果的价值呢？显然光靠科技重奖还不够。

珠海市科委经过反复研究，认为科技既然是第一生产力，那么作为生产关系中的要素之一，它就和劳动力、资本一样要在分配中体现出来，而只有把科技成果转化为股份，才能在企业的经营中参与分配。因此，制定科技成果入股的相关法规便提上了议事日程。后来在讨论中大家又觉得，对于科技人员的职务科技成果，以及高校及科研机构等国有非企业单位科技人员的科技成果，就无法用企业股份的方式来表现，但参与提成可解决此问题。

大家还对技术入股和提成的比例、国有企业技术入股的认定等条款展开了充分的讨论，在市人大法工委和市法制局的大力帮助下，1999年7月27日，七易其稿的《珠海市技术成果入股与提成条例》经珠海市五届人大三次会议审议通过，自1999年9月1日起施行。在国家法律将公司无形资产的出资比例限定为不得超20%时，条例规定技术成果入股的比例可“由双方约定”。科技作为生产要素参与分配，一石激起千层浪！这一突破，将科学技术作为生产要素参与分配的改革政策有效地落到了实处，大大地激发了科技工作者的研发热情，有力地推动了科技成果转化为现实生产力的进程，“知本家”（利用自身拥有的高新知识创造财富的成功人士）在企业法人治理结构中居于主导地位的梦想成为现实。这为当时吸引一大批科技创业者，尤其是为海外留学归来的创业者落户珠海营造了极好的氛围。

促进了公司法的修改

贝华说，《珠海市技术成果入股与提成条例》的发布实施在当时尚属全国首次，在我国具有里程碑的意义，且引起了极大的轰动。各地前来学习的单位及采访报道的媒体络绎不绝。当年国务院法制办在法规汇编中也把珠海的这个条例收录进去了。

政策带来了强烈的冲击波，吸引人才纷至沓来。从加拿大归来创业的颜军博士以技术成果入股欧比特（珠海）软件工程有限公司，他的“基于Lintex嵌入式操作系统”入股作价1100万元港币，占欧比特（珠海）软件工程有限公司65%的股份。仅两年时间，公司“长”出了世界第一块32位S698处理器芯片。后来欧比特（珠海）软件工程有限公司还成为第一家成功登陆创业板的中国本土IC设计企业。

条例实施后短短5年间，珠海就有52家企业被认定实行了技术成果入股，技术成果作价总金额约合5.49亿元。

最重要的是，《珠海市技术成果入股与提成条例》颁布实施所取得的良好效果，促进了公司法的修改。以往公司法规定，“以工业产权、非专利技术作价出资的金额不得超过有限责任公司注册资本的百分之二十，国家对采用高新技术成果有特别规定的除外”。这样规定是因为担心技术成果作价占出资比例过高会导致企业出现虚假出资的行为，而珠海的实践证明这是杞人忧天。

2005年，我国再次修改后的公司法第27条规定：“股东可以用货币出资，也可以用实物、知识产权、土地使用权等可以用货币估价并可以依法转让的非货币财产作价出资……全体股东的货币出资金额不得低于有限责任公司注册资本的30%。”这就意味着技术成果入股的比例最高可达70%。

（采写：康振华）

09 这条路必须体现珠海浪漫气质

陈焕礼口述情侣路建设过程

陈焕礼，时任珠海市副市长。

美丽的情侣路，可以说是珠海知名的城市景观名片。回想过去，往事历历在目。

谈初衷：没有路，怎么去看珠海渔女?

“20世纪80年代特区刚刚建设的时候，从香洲到拱北的海滨全都是一望无际的沙滩，随着海岸线蜿蜒伸向远方，除了现在的菱角嘴、洲仔等地有凸起入海的巨石外，沙滩几乎没有断过，最窄的地方也有20米。”

陈焕礼记得，那个时候，有的地方沙滩非常宽阔，从岸边一直延伸出五六十米才触到海水。当时珠海有两个大海湾，一处是香洲湾，而另一处就是珠海渔女屹立的香炉湾。

“现在大家很难想象，在情侣路建成之前，珠海渔女的雕像已经‘孤零零’地矗立在香炉湾那片没有道路抵达的海边近10年了。”他说，“那时候市民和游客如果要走到雕像前参观，只有两条路可以选择：一是从今天的望海楼杨匏安雕像前下到海边，沿着崎岖不平的滩涂前行。二是从石景山穿过当时还草木茂盛的海滨公园到达。但无论哪条路，都得步行半个小时以上。所以很多人就说：‘没有路，我们怎么去看珠海渔女?’”

在20世纪60年代的时候，当时的珠海县曾经沿海修建过一条30公里长、两车道、用沙石铺面的国防公路，从唐家经银坑、香洲、拱北直到湾仔，但这条路只有一小部分路段是真正沿海岸修建的，绝大多数路段都是在海边的

体现珠海浪漫气质的情侣中路

半山腰上。如今在水湾头的半山腰上，还能看到这条公路的一小段痕迹。

所以在特区建设之后，海边修路的课题一直都在规划和论证。当时大家都认为，珠海有着许多地方无可比拟的海洋资源优势，城市的近一半边缘直接与海相连，这在很多沿海城市也不多见。如果能沿着曲折蜿蜒的海岸线修建一条宽广的马路，就既能让生活在这座城市的市民惬意地在海岸边散步，也能够让外地游客到珠海之后欣赏到美丽的海景。

到了20世纪90年代初，珠海经济特区的发展突飞猛进，此前改造的凤凰路已经有点不堪重负，城市道路的运输能力受到很大的考验。

陈焕礼说："市委、市政府在深入研究之后，决定在城市东面再建一条通往中山、广州方向的道路，沿海岸而建，尽量利用海岸空地，不多占土地，也不多占海面，不破坏自然岸线和山体。既要担负起城市道路的功能，也要兼具景观道路的美感——这就是情侣路建设的初衷。"

谈建设：首期工程花了不到一年时间

情侣路的建设首先是从中段开始的，也就是今天的海霞新村到海滨泳场附近的一段，全长大约2.9公里。

陈焕礼说："我们从1991年10月开工，到了1992年8月，也就是邓小平同志南方视察的当年就正式竣工，总共花了一年不到的时间。随着情侣路中段的竣工，旅游大巴就可以载着游客直接开到渔女雕像旁。"

到了20世纪90年代中期，随着情侣路南段的修建，与澳门填海区实现了连接。1999年，情侣南路完工并实现南北贯通，28公里长的情侣路基本上围绕着珠海市区全面接通，从拱北海滨南接澳门海滨，北至唐家湾与金唐路相连，无论是从工程量还是投入的资金、人力、物力来看，在全国都算得上是首屈一指的。

“讲起情侣路，大家津津乐道的就是它的命名，这在全国也是石破天惊、独一无二的。”陈焕礼回忆说，“其实当时也有很多方案，有些同志建议叫作海湾路，有些则建议叫香湾大道。后来是梁广大书记拍板了‘情侣路’这个名字，也在一夜之间叫响全国，并且成为珠海‘浪漫之城’的代表。记得梁广大书记当时主持召开了好几次会议，最后他力排众议，明确表示，这条路就叫情侣路，既代表珠海浪漫的城市气质，也充分体现珠海经济特区是中国改革开放的象征。”

“应该说，情侣路这个名字恰如其分地反映了珠海特区在改革开放的时代浪潮之下，解放思想、大胆创新的精神面貌，也与珠海美丽的自然环境、浪漫的城市风情相得益彰。

“在这条前所未有的路上，人与自然和谐地融为一体，情侣路不仅仅是我们珠海的地标，更记载着无数珠海人的情感与生活，我想这是它最宝贵的历史意义。”

谈理念：注重生态文明

回想30多年前的情景，陈焕礼说：“当时珠海经济特区的领导班子充分认识到城市规划和建设的重要性，把建设良好的城市环境作为珠海特区的一种优势资源来考虑。

“我们提出的目标是把珠海建设成为全国一流的花园式海滨城市，做到高起点、高标准、高水平，在国内一流，在国际上也应该称得上先进和优秀，至少20年不落后。所以在情侣路的规划建设上，对于生态环境和自然景观的保护，一直都被视为最重要的原则之一。”

他回忆说：“现在情侣路菱角嘴拐弯处，有一块凸到路面的巨石。当时有人提议炸石开路，梁广大书记觉得，我们在建设的同时，不应该破坏情侣路依山傍海的原始自然风貌，就这样坚持保留了下来。

“在杨匏安雕像附近，也有两块这样的石头，只不过，它们没有凸到情侣路上，比较少人关注而已。其实，为了这两块石头，当年的建设者也绞尽脑汁。当时的意见，是用吊车将其运放到其他地方，但由于石头实在太大、太重，无法搬动。最后，是改动了施工图纸而将其保留下来的。正是因为留存了这些生态礁石的自然风貌，今天的情侣路才那么和谐地贯穿于山海之间，浑然天成。

“而在大海和路面之间，我们决定建设一条30米宽的园林绿化带相隔，这也是希望使珠海作为花园城市的特征、海洋特色环境更加凸显。如今整条情侣路一年四季绿树婆娑，芳草溢香，园林美景广袤开阔，更与青山绿水相互映衬，构成了一幅壮观奇美的滨海画卷。人民群众的认可与赞誉，证明了当初领导班子的决策是准确而富有远见的。”

陈焕礼提到：“根据近年出炉的珠海东部城市主轴规划设计蓝图，目前情侣路将北延西拓，将来全线绵延总长要达到55公里。相信随着港珠澳大桥的建设、横琴新区的成立，情侣路的地位会愈发重要，将会成为一个更加开放、包容、立体的城市客厅与形象展示地区。

“二十几年过去了，我觉得情侣路承担了城市道路与景观道路的双重功能。但是也必须承认，现在的情侣路确实承担了过境交通功能，快速交通与观光休闲交通混杂，也缺乏较为舒适和人性化的自行车道及步行道。此外，情侣路沿线游览主要以休闲漫步为主，很少有多样化的活动。除珠海渔女雕像之外，也缺乏强有力的景点支撑。

“所以我觉得今后在情侣路的发展中，这些方面应该进一步加强建设，如此才能真正将情侣路沿线塑造为浪漫人文、山海相拥的现代休闲海岸，在其担负城市交通功能的同时，成为更富滨海特色的旅游景观道路，继续推动珠海城市的发展兴旺。我很高兴，情侣路正在朝这个方向努力。”

（采写：张晓红、钟夏）

10 全国首家“三来一补”企业

周本辉口述香洲毛纺厂诞生始末

周本辉，期间历任共青团珠海市委书记、九洲港工程建设副总指挥、珠海市政府副秘书长、特区管理委员会办公室副主任、特区管理委员会办公室主任、市外商投资管理服务中心主任、市委秘书长、市政府副市长等职。

在吉大景山路，珠华大厦对面的街心公园，如今是繁花似锦，绿树成荫。许多人不知道，1978年，就在这小片土地上，诞生了新中国成立后内地首家中外合资企业——香洲毛纺厂，这是当时内地开吸引外资先河签订的第一个“三来一补”投资项目，也是中国最早以补偿贸易形式引进外资兴建的来料加工企业。从此冲开了长期计划经济造成的思想禁锢，掀起了我国改革开放大潮的雄壮序幕。

如今，昔日“弄潮儿”已退出历史舞台，但以此为开端，新的投资热潮席卷南中国大地。

勇吃螃蟹：爱国商人率先投资内地

周本辉说，谈起香洲毛纺厂，就不能不提香港的爱国商人曹光彪先生。

曹光彪，祖籍浙江宁波，1920年生于上海。早年经营上海鸿祥尼绒洋服店，1949年移居香港。1954年在香港开办第一家毛纺厂，1964年成立永新企业有限公司，后在葡萄牙、毛里求斯、美国、法国等地设分支机构，1979年在澳门成立丝品有限公司。作为一个爱国实业家，曹光彪关注着祖国的前途命运。1978年5月，他在北京会见当时中国纺织品进出口总公司陈诚宗总经理等老朋友时，获知中央即将实施改革开放政策，设立深圳经济特区、珠海经济特区并向外资开放的消息。

全国首家“三来一补”企业——香洲毛纺厂

回到香港后，曹光彪先生就亲笔撰写了一份在毗邻澳门半岛的珠海兴建一家毛纺厂的意向书并呈交给国务院，大胆提出用自己的资金、经验到内地办厂的设想。这很快获得中央批准，中央同意其以补偿贸易的形式在珠海的香洲兴建香洲毛纺厂。永新企业有限公司（简称“永新公司”）和中国纺织品进出口总公司签订了“针字第一号”的协议书。

珠海市的领导同样以“敢为天下先”的精神，迎接了第一个外商，并给予全方位的支持。按照协议，厂址设在拱北与香洲之间。厂建成后专门为永新公司进行来料加工。珠海方面负责厂房的建设，工厂的所有机器设备及其安装、技术人员和工人的培训，则由永新公司负责；永新公司提供的机器设备经双方评估价值后，由内地分期偿还。即由曹光彪投资700多万元港币，负责引进设备、培训员工、组织原料；珠海方面负责提供土地和工厂的建设管理，而对曹光彪的投资则用回销产品所得价款进行抵顶。这一利用外资形式，几年后被叫作“补偿贸易”，以补偿贸易形式引进外资的来料加工企业，俗称“三来一补”企业。

只争朝夕：两个月建好厂房顺利投产

协议签订后，香洲毛纺厂于1978年9月在今景山路与白莲路交会处西侧动工兴建。珠海的开拓者以只争朝夕的精神，快马加鞭进行厂房建设，仅仅用了两个月时间，就完成了主厂房土建工程，次年元月两条生产线的机械开始安装，先后于同年5月和8月投入试产。

“当时负责香洲毛纺厂筹建事宜的港商代表是曹光彪先生的女儿曹其

真女士，她工作认真且泼辣。”周本辉说，“由于新招的工人都是刚刚洗脚上田的农民，无论是思想观念还是个人素质都与现代产业工人相差甚远，于是和严格管理的投资方产生了较为尖锐的矛盾。”

“由于当时国家还未正式宣布改革开放，深圳经济特区、珠海经济特区尚未成立，很多政策也未落实。人们普遍对境外商人怀着不信任甚至怀疑的态度。”周本辉说，“所以双方出现矛盾不足为奇。”

后来在上级的协调下，双方经过协商，达成在厂内执行劳动、安全和管理方面纪律的协议。广东省政府也为此破例特别批准让香洲毛纺厂工人去澳门厂接受培训，和澳门的工人一起工作，边做边学。投资商还邀请香洲毛纺厂的领导层人员来澳门，接受有关毛纺工艺和工厂管理的培训。在双方的努力下，无论是厂领导，还是工人在接受了大约一个月紧张的培训后，工作技术或工作纪律都得到全面的提高。

1979年11月，秋天的珠海阳光灿烂，风和日丽，香洲毛纺厂正式投产，厂区占地面积29671平方米，建筑面积10963平方米，主要产品是8支、16支纯羊毛纱和羊兔毛混纺纱，机器设备全部为国外进口。全厂有239名职工，其中管理人员24人。

投产当天举行了隆重的仪式，邀请了数百名中外来宾和新闻媒体记者出席庆典。仪式结束后，全体来宾都参观了工厂。工厂里整洁干净的环境和工人们饱满的精神状态都给来宾留下了深刻和良好的印象，海内外不少报纸以《香洲毛纺厂——中国改革开放的标志》为题，在头版头条报道了这一事件。庆典照片一直被珠海市档案馆珍藏着。

香洲毛纺厂建成后，因其产品质量好，信誉高，吸引了国内外不少厂商前来委托加工毛纱，生意十分红火。

邓小平南方视察：充分肯定香洲毛纺厂

1984年1月，80岁高龄的邓小平来到珠海视察。1984年1月29日早晨，首站即来到香洲毛纺厂，他从产品加工到包装，认真地看，仔细地问，参观了洗毛、混合、梳毛、走锭、纺纱、合股、成件、包装各个工序。时任厂长的黄国明汇报了整个流程。中国改革开放总设计师的到来，是对珠海，对香洲毛纺厂的肯定和莫大的鞭策。这一年毛纺厂共生产毛纱135万磅（1磅=0.4536千克），实现利润52万元人民币。到这一年的10月，香洲毛纺厂建成投产还不到5年就已全部还清投资本息740万元港币、55万元人民币。

香洲毛纺厂正式签订中外合作办企业的合同，是邓小平同志提出对外开放构想后的第3个月。试产半年后，企业便转入正式投产。速度之快，给邓小平同志留下了极其深刻的印象。现在回看尽管“三来一补”是一种较低层次的中外合作企业模式，但在对外开放初期仍是新鲜事物。香洲毛纺厂的建成说明中国已真正迈出了对外开放的实质性一步。

迎接挑战：引进技术和人才，加快发展

后来，因海外市场配额的限制和海内外市场竞争的双重影响，香洲毛纺厂出口量逐渐下降，企业经营面临困境。为了寻求进一步发展，香洲毛纺厂率先引进人才和技术。

1984年11月7日，厂里史无前例以外调方式从武汉引进一名管理者——周伟明。他是纺织专业出身，直接接任一把手。请“外来和尚”念经，这在当时的珠海企业界算头一回。

“当时这厂子无论生产条件还是管理模式都比内地超前，十分先进，生产指挥可以一抓到底。”接受采访时，周伟明说。上任初他首抓生产质量。香洲毛纺厂8支、16支等毛纱制成率在90%～92%，这已是来料方的最高要求，但经他一番改进，毛纺厂硬是将指标提高到了95%，水准史无前例。

后来，“三来一补”模式已经不太适应企业发展，1986年来料合同期限届满时，香洲毛纺厂和港商终止了合同，直接走自营生产销售的路子。周伟明和几个副厂长没有考虑太多，他们东奔西走，靠真诚四处求援，终于得到了中行、工行以及澳门南光公司的援助，最终依靠有限的资金买来实惠的进口羊毛，并同澳大利亚等地供货商建立了稳定的关系。

接着，香洲毛纺厂再次启动技术攻关，在羊毛纺纱的基础上，大量使用档次更高、国内供应丰富的兔毛纺纱，抢夺海外市场，以此打开门路。

一番大刀阔斧的创新把香洲毛纺厂推上了发展的“黄金期”。此时厂里人员总量有400多人，相当于建厂时的2倍。年均创汇500万美元，算到人头上，约1.1万美元。

在1988年度珠海科学技术奖颁奖大会上，香洲毛纺厂721高比例兔毛纱技术夺得一等奖。

形势变化：毛纺厂退出历史舞台

20世纪90年代，国家毛纺企业供应远大于需求，产品效益急剧下滑，全国开始声势浩大的“压锭行动”。香洲毛纺厂最终无法独善其身，改革“急先锋”的命运急转直下。

1993年，经历了百般阵痛之后香洲毛纺厂停产搬迁。“当时车间厂房的机器骤然停顿了下来，仿佛就在一夜间发生，眼前是锈迹斑斑、锈损不堪的机械设备，员工们心里很不是滋味。”王卫东说，“几乎与‘搬家’同时进行的是，某地产项目取代了老厂房，挖掘机挥舞大臂，现场一片摧枯拉朽的景象。”

搬迁后的香洲毛纺厂更名为珠海市大环山毛纺集团公司，当年，西班牙政府曾投资495万美元，希望盘活香洲毛纺厂的生产线，一套年产量150万磅的崭新机械设备已经运抵珠海，但由于种种因素，终究没能装配使用。

1996年，已搬迁到前山的香洲毛纺厂正式转产，与香港华凌公司合资组建香凌轻纺公司，生产“千惠牌”妇女用品。2003年5月，香凌轻纺公司结业注销，香洲毛纺厂永久退出了历史舞台。

周本辉说，虽然香洲毛纺厂已成为历史，但其作为全国最早利用外资的工业企业之一，在中国改革开放进程中的影响极其深远，对激发国人的开拓创新活力、打破思想禁锢起到了无法估量的作用。

鉴于曹光彪对珠海经济特区的建设做出的贡献，珠海市人民政府于1990年授予其珠海渔女金牌奖；1998年，曹光彪被授予珠海市第一届荣誉市民称号。

（采写：康振华）

11 一卡承载四个“第一”

曾燕媚口述中国银行珠海分行发行国内首张银行卡

曾燕媚，时任中国银行珠海分行成立的珠海市信用卡公司（已注销）制卡员。

1985年，中国银行珠海分行在珠海发行了国内第一张银行卡——中银卡。这张卡一经问世便名声大噪，此后，各种银行卡纷纷出现，相配套的ATM机、POS机也先后进入中国平常百姓的生活，深刻地影响了全国人民的经济生活。2015年7月29日，中国银行业协会专职副会长杨再平在银行卡发卡30周年系列活动启动仪式上说，中银卡的诞生标志着中国银行卡产业拉开了序幕。

亲手制出第一张银行卡

我有幸亲手制作出第一张中银卡，参与了这个历史性的事件。

1985年2月，我加入珠海市信用卡公司。这是中国银行珠海分行为筹备银行卡发行而特意成立的一家独立法人单位。我入职后了解到，中国银行珠海分行于1983年开始代理境外银行卡在国内的相关金融业务，分行因此有意发行自己的银行卡。

我在信用卡公司的主要职务就是制卡、发卡和管理银行卡资料。第一批卡在我入职后一个月即1985年3月就发行了。当时，我们从日本引进了制卡机，在香港定制了卡板。我在卡板上用制卡机压出银行卡编号、持卡人姓名的拼音和该卡的有效期，一张银行卡就制作完成了。这批卡先从行内员工发起，让我们试用并推广。编号为001的第一张中银卡就发给了我们的行长顾广。这是个历史性时刻，但我们没有举行任何仪式。

第一批中银卡正面分为三大块：上面一半是红底，写有“中国银行珠海分行”的中英文名字，左端有一个古代钱币形状；下面一半是银灰色，印有该卡的卡号、持卡人姓名及有效期；中间有一长条白色，写着中银卡的中英文表达。

过于“高大上”，叫好不叫座

第一批中银卡发行量很少：我行员工发了200多张，发行到社会上的只有几十张。当时，中银卡分为金卡和银卡两种，金卡要交1000元保证金，银卡要交300元保证金。而当时我一个月的工资才120元左右。一般人用不起，也不习惯用卡。

第一批中银卡卡身内没有存储任何信息。商家在接受顾客使用中银卡时，要手写单据，如果顾客的消费金额超过限值（金卡1000元，银卡300元），还要打电话向我们核实是否能用这么多。这样比用现金麻烦很多，很多商家不接受。为了推广银行卡，同事小黄一家一家商户去跑。他特别会说，总是把商家哄得合不拢嘴，于是人家勉强答应用着试试。尽管这样，当时珠海也只有珠海宾馆、石景山旅游中心等少数单位愿意接受顾客使用中银卡。但由于刷卡消费避免了顾客随身携带大量现金的不安全性，中银卡受到了以企业家为首的顾客群体的欢迎，中银卡金卡更是成为当时身份的象征。

四个“第一”集于一卡

第一批中银卡在全国率先推出后，我们很快着手推第二批中银卡，与即将引进的ATM机配合使用，因此卡上有了记载信息的磁条，也就是我们现在说的磁条卡。1987年8月，磁条卡和ATM机同时推出。由于卡面下方加上了珠海渔女像，我们称之为渔女卡。这是我国第一批磁条卡。这台ATM机也是我国第一台ATM机，它当时放在银行大门边，每天只开放10小时。

渔女卡推出时，我们还尝试办了国内第一套子母卡。除了渔女卡，又制作了一张一模一样的卡给直系亲属使用。不过当时大家都没有意识到子母卡的意义，没有把它发展成一项业务。

金融创新回响不绝

中银卡的发行引起了巨大的反响，许多省市纷纷效仿。1987年底，中行总部表态，不许各地分支机构发卡，要统一用总部发行的长城卡。这样，我所在的信用卡公司就没有了业务前途，公司当年就被注销。之后我转入中国银行珠海分行。20世纪90年代，中银卡被长城卡全面取代。

最近几年，中银卡的历史价值被大家认可，许多人都在找最早的中银卡。但中银卡总共只发行了1500张左右，在中银卡升级、取缔过程中，绝大部分都被收回销毁。网络上流传的中银卡图片大部分都不是真正的中银卡。它们是我们没用完的卡板，当年被我们送给其他单位做员工卡、饭卡。是不是中银卡，可以从卡上编号辨别：中银卡是13位编号，以中国银行珠海分行当年的全国编号7638开头，其他卡都不是13位。

（采写：陈国超）

12 珠海首创土地管理“五个统一”

李南华口述珠海推动土地管理制度的重大改革和创新

李南华，时任珠海市委常委、市国土局局长。

在珠海经济特区40年波澜壮阔的发展史中，在市委、市政府的正确领导下，1988年珠海经济特区率先实行土地管理“五个统一”（统一规划、统一征用、统一开发、统一管理、统一有偿出让），在全国产生了巨大而深远的影响。而李南华则是这项重大改革和创新的推动者之一和主要实施者。正是由于先人一步洞悉了土地资源的宝贵和统一管理的奥妙，才有珠海今天这美丽的城市面貌。而作为这项重大改革和创新的推动者之一和主要实施者，李南华在谈起这段历史时依然激情满怀、壮心不已。

土地管理曾经有点乱

“珠海能有今天的发展成就，土地管理‘五个统一’立了大功！”李南华说，“土地是人类赖以生存和发展的物质基础，但是在特区初创阶段，土地资源的重要性还没有引起足够的重视。珠海经济特区成立后，随着外商投资企业的不断增多，经济发展速度加快，所需要的土地也逐年增加。当时由于土地管理无章可循，珠海实施的是多头分散管理和无偿（低偿）无限期划拨使用的土地管理体制。当时，城市和农村的土地分别归建设部门和农业部门管理。而为了吸引投资，当时制定的土地使用费标准也非常低，只要双方同意，用地单位就可以直接向农村集体经济组织征用土地，可低偿甚至无偿无限期用地。”

“我记得当时给外商规定的最低土地使用费只有0.2元/米^2，贵的也只

珠海首创土地管理“五个统一”

有5元/米²。”李南华回忆说，“为了吸引外商投资，1986年市政府制定的政策规定，外商投资项目前3年免收土地使用费，3年后减半收费。”

“低廉的土地使用价格造成城市基础设施建设只有投入，没有回收。”李南华说，“从1979年至1988年底，为改善投资环境，市政府投入28亿元的资金进行市区土地开发、市政建设和基础设施建设，而土地出让的回收资金只有2500多万元，市政建设和基础设施建设资金严重短缺。”

政府负债搞建设，房地产公司却抓住机会大把赚钱。政府把马路等基础设施修到哪里，房地产公司就把土地征到哪里。当时市政府批准成立的18家房地产公司一共征收了5万多亩地，而真正投入使用的却只有2万多亩地，大部分的土地都被用来搞纯粹的土地经营，经营收入都进了他们的“腰包”，政府却基本上一无所获。

据了解，当时有一家房地产开发公司仅用400万元人民币就拿到了934亩土地，只转让了其中的15%就获得了900万元人民币和1000多万元港币。还有个别企业通过转让、炒卖地皮获得大量款项，用以填补生产经营上的亏损。

李南华说：“原有的土地管理体制不仅削弱了国家对土地的所有权，造成国家土地资产严重流失和不合理分配，使社会主义土地公有制成为空话，而且对用地者也缺乏约束力，造成非农用地失控，当时多占少用、占而不用、有地乱用、乱占乱用的现象非常普遍，并形成了基础设施建设受阻、土地资源浪费，乱搭乱建、乱开乱采、乱砍乱伐、环境破坏等众多问题。在分头管理的体制下，政府对土地缺乏统一的规划控制，等到政府搞基础设施建设需要用地时，往往会遇到很多阻碍与困难。”

教训催生“五个统一”

李南华说：“‘五个统一’的土地管理新体制的确立，正是在总结珠海经济特区前期土地管理上的深刻教训和对城市建设资金实现良性循环利用的内在要求基础上确立的。”

土地开发投资与收益在政府与企业之间不合理的倒置关系，以及基础设施建设资金严重短缺的现实困境，加快了土地管理体制和土地使用制度的改革进程，珠海上下形成了“土地资源就是财富”的共识。

1986年，国家出台了《中华人民共和国土地管理法》，成立了国家土地管理局，珠海市也相应地成立了国土局，从那时起珠海取消了用地单位直接向农村拿地的制度。1988年，借鉴香港“借土地生财”的土地管理经验，依据当时的国家法律并结合珠海实际，珠海制定了《珠海市城市土地管理实行“五统一”的规定》。1991年，该项规定通过了市人民代表大会审议，开始正式实施。从此珠海土地管理走上法治化、正规化道路。

“当时我既是市委常委，也是市国土局局长，这种职位安排在全国都没有先例，这也说明了当时市委、市政府对土地管理工作的重视。”李南华说，“为了落实‘五个统一’，土地管理工作也被放到政府工作重中之重的位置，不管大会、小会，梁广大书记都强调土地管理的重要性。”

土地管理真正做到了“土地一家管，批地一支笔”。李南华回忆，为了对土地审批进行严格把关，当时市政府成立了土地审批领导小组，由梁广大市长亲自担任组长，李南华、陈焕礼担任副组长。所有用地项目都要先报到市规划局，由市规划局再报到领导小组进行严格审查。与此同时，过去的多头分散管理也变为由市国土局统一管理。

珠海还率先建立了较为完善的土地管理体系。当时每个县都设立了国土局，每个镇也都成立了国土所，由市国土局垂直管理。属市国土局正式编制的工作人员也由原来的19人扩大到了170多人。

此外，对凡是已被征收但还没有投入使用的土地，全部由政府回收。之前18家房地产公司没有使用的2万多亩土地全部被收回，由于政府按照当时的利率水平制定了很合理的补偿标准，被回收土地的企业或单位没有一个反对。

市政府还与特区内农村地区的相关负责人签订了10多万亩的规划用地控制合同，特区121平方公里的土地基本上变成了市政府的土地资产，成为市政基础设施建设的重要经济基础。

社会效益和经济效益巨大

李南华表示，这么多年过去了，实践证明珠海实施土地管理“五个统一”后，实现了巨大的社会效益和经济效益。

首先，城市化建设大大节约了成本。土地管理“五个统一”实施后，虽然预计第一年的土地收入是1亿～2亿元，而实际上，当年市政府土地回收资金超过17亿元。市国土局在当时就成为全市的“第一财政”，大到机场、珠海大桥、大路、小路、航展、口岸、港口等重大项目建设，小到供水供电、通信、城市绿化，建设资金基本上全部来源于土地出让回收的收入。

其次，提高了合理使用土地、节约用地的效益。土地管理“五个统一”的实施使珠海的土地管理逐步走向依法依规严格管理的轨道，清理了建市以来的非农用地，对不合理多占用的用地一律由市政府收回。有偿有限期的土地使用制度也使市政基础设施建设逐步实现了“投入—回收—再投入”的良性循环。而土地回收的资金投入基础设施建设和土地开发后，又使土地价值升值，土地回收收入也随之水涨船高，从第一年的17亿元，逐步增长到100多亿元。

再次，保障了城市总体规划的有效实施。通过“五个统一”对土地资源的集中控制，政府才能保证城市总体规划的有效实施，也才能做到合理地开发利用土地资源，保护生态环境。为了进一步加强对土地的管理，1998年市人大常委会制定了《珠海市土地管理条例》，使得珠海的土地管理工作走上了特区的、法制化的轨道。此外，对全市土地的统一征收和出让也使土地供应管理成为市政府调控经济的有效杠杆。而统一规划和开发既能保护珠海的环境，也能保证当时花园式海滨城市总体规划的实施。

接着，促进了珠海市乡镇企业的迅猛发展和农村城市化进程。为了适应土地管理“五个统一”的需要，按《中华人民共和国城市规划法》实行规划控制用地，市政府每年都向被控制用地的农村集体提前支付一定数额的土地补偿费，以作为农村发展经济的启动资金。同时，在实行规划控制用地的过程中，分别给县（区）、镇、村预留一定的生产、生活用地和报建收费优惠政策，有力地推动了农村乡镇企业的发展。土地管理“五个统一”实施以来，珠海市范围内的乡村，已基本逐步缩小了城乡差别，现正向城市化方向发展。

最后，有力地推动了珠海市的殡葬改革。根据土地管理“五个统一”的要求，珠海市对特区范围内12个较大的坟场进行了彻底清理，共迁出坟墓3.5万个，腾出可供建设的土地3500多亩，土地评估价值4亿多元。市政府拨出专款2060万元，为群众建设6座骨灰盒安放点——先人纪念馆，受到群众和港澳同胞、海外侨胞的大力支持和赞扬。

现在看来，在全国首开先河的“五个统一”土地制度改革对珠海经济的长期发展同样意义重大。

李南华说：“土地规划是整个城市规划的基础。资料显示，目前珠海的可用地面积在全省可用地面积中占较大比重，是广东省土地储备总量最大的城市，这对珠海今后的发展无疑是一笔巨大的财富。”

珠海土地管理实施“五个统一”后在全国引起了巨大反响，各地前来学习的人络绎不绝。在1991年国务院和1992年国家土地管理局在珠海召开的全国土地管理体制改革现场会议以及1993年中央、国务院在北京召开的全国土地管理制度改革会议上，李南华代表珠海市委、市政府汇报了珠海市土地管理“五个统一”的做法。时任国务院副总理邹家华将珠海市土地管理实行“五个统一”称为珠海模式，同时指示：“为适应社会主义市场经济的需要和发展，土地管理工作只能加强，不能削弱。”

1993年，全国市长学习班在珠海开班，其中一项重要内容就是学习珠海土地管理的“五个统一”。

打铁还需自身硬

李南华表示，珠海土地使用制度改革的成功并非一帆风顺，它经历了新旧体制交替的激烈斗争和各方面利益冲突不断调整的过程，“敢为天下先”的改革者总是站在时代的潮头浪尖，所面临的风险和压力自不必说。但是，打铁还需自身硬，“当时我们还要求国土部门的干部必须做到三个‘不准’：不贪、不占、不吃。即使再大胆的改革，只要是以促进特区发展为出发点，做到心中无私，自己过得硬，推行起来就不会有后顾之忧”。

最后李南华说：“当时所有从事过土地管理的同志，都留下了足迹和汗水。珠海的土地管理‘五个统一’之所以能顺利落实，是因为正确处理了以下六个方面的问题：一是建立了权威的决策机构和强有力的执行机构；二是注意促进农村集体经济的发展和保护了农民的切身利益；三是在制定城市建设规划和土地规划时，十分注意处理好发展经济和保护生态环境的关系，没有出现牺牲生态环境的短期行为；四是重视提高土地价值和土地利用率；五是引入了法律机制，解决了土地管理执行难的问题；六是处理好了土地管理部门与其他市政府有关职能部门的关系，使各个部门统一行动，各司其职，通力合作，使实行土地管理‘五个统一’成为各部门的自觉行动。”

（采写：康振华）

13 保税区设立批文只有半页纸

周本辉谈珠海保税区的发展历程

周本辉，时任珠海市副市长。

港珠澳大桥通车后，其连接线的第一个货物出口就设在保税区，再加上毗邻横琴自贸试验区的政策优势，今后人流、物流、资金流、信息流有望在保税区高度集聚，这将为珠海保税区的发展提供难得的历史机遇。

珠海经济特区成立以来，珠海在发展开放型经济方面积累了丰富的经验，这些经验都将在保税区和自贸试验区的建设中得到灵活运用。

珠海保税区，特区中的特区

1996年11月，珠海保税区经国务院批准设立，其在当时国内15个保税

珠海保税区一览

区中是最年轻的一个，也是珠江口西岸唯一的保税区，与澳门仅一水之隔。珠海保税区规划面积3平方公里，预留发展用地2.89平方公里，在1999年10月正式封关运作。

我至今还记得国务院批准设立珠海保税区的文件内容只有半页纸、四条内容，这其实就是给我们充分实现管理制度自主安排的留白空间。珠海保税区作为海关实施特殊监管的经济区域，实行“境内关外”的监管措施，可以说是当时国内开放度和自由度最高的经济区域，既能为企业开展保税加工、仓储物流、国际贸易创造低成本的运营环境，也能成为珠海经济特区与国际市场接轨的“桥头堡”。

尤为可贵的是，珠海保税区可以开设陆路直接通道连接澳门。除了深圳福田保税区可以直接连通香港外，全国没有别的保税区能有这样的条件，可以说这是真正彰显珠海保税区“境内关外”的优势所在。无论是从地理位置、占地面积还是政策支持层面，珠海保税区的前景都大有所为，令人十分期待。

保税区要“封死二线，打开一线”

建设初期，我们主要借鉴了国内其他城市设保税区的经验，尤其是先期成立的上海外高桥、深圳沙头角等保税区多年来积累发展的经验，根据国家赋予保税区的出口加工、保税仓储和国际贸易三项基本功能，在用地规划和产业布局上精打细算，高质量，严要求，将园区产业结构定位为“以出口加工为主，带动仓储物流业以及国际贸易配套发展的现代出口加工基地和区域性物流中心”。

应该说，国家设立保税区的目的，就是进一步扩大对外开放，促进货物流通，服务对外贸易，加强国际经济合作，使之成为开放型经济的重要增长点。所以在当时，珠海保税区具有向自由贸易区过渡的独特优势，这也能为珠海市发展规模经济增强后劲。

思路理顺了，定位也明确了，我们还大胆地提出了“两化、两外”的设想，也就是“国际化、市场化”“海关外、计划外”，并且要“封死二线、打开一线”。如今在自贸试验区建设中常常提到的“一线逐步彻底放开、二线安全高效管住、区内货物自由流动”的创新监管服务模式，其实在珠海保税区的创建过程中，就有了一个初步的设想。

保税区要成为永不落幕的商品展览会

在保税区成立运行了一段时间后，我们发现，保税区的功能事实上发挥得不尽如人意。一方面，很多企业在观念上仍然把它当成保税仓库来监管，它等于是处于“保税仓、加工厂”的地位；另一方面，在监管体制上思路不够统一，有些部门认为保税区是“境内关外”，当然不存在进出口经营权、出口税额、许可证等问题，但有些部门则认为是“境外关内”，在出口退税等问题上要与国内其他地区同等对待。这就产生了一定的矛盾。

更重要的是，如果按最初设计的那样，仅仅将保税区局限在转口贸易、加工和保税仓储三大功能上，而没有赋予“商品展示”这个功能，不允许直接买卖，也不能搞商业展销，那就难以真正发挥出保税区的作用，更谈不上真正打造出一个国际贸易平台。

在保税区内推动商品展销，本身就具有“保税、保质、保真”等显著优点，在连接世界、服务全国的平台建设方面更具有先发优势。所以，后来提出要建设“中国最大的红酒交易平台”，建设一个200多米高，造型像一个红酒杯那样璀璨的国际红酒展销展示交易中心，还想和阿里巴巴合作，推动跨境电子商务产业园区在保税区落户。这些都是因为有了“商品展示”这个功能，有了“永不落幕的国际商品展览会”这个理念，才能一步步实现。

摩天宇的“起死回生”

在珠海经济特区的建设过程中，突破重重障碍，利用外资促进自身发展，一直是经济工作的重中之重。当时保税区内招商引资的产业，主要定位为高科技、高投入、高附加值的跨国公司，出口加工制造业和物流仓储业，吸引了不少质量效益型、科技含量高、后劲足、上规模的高新技术企业入园创业。

如今坐落在珠海保税区内的摩天宇航空发动机维修有限公司（简称“摩天宇”），是由德国最大的发动机制造巨头MTU航空发动机公司与南方航空股份有限公司（简称“南方航空”）各出资50%共同组建的，也是国内迄今为止投资规模最大、维修等级最高的民用航空发动机维修基地。这一项目的落地过程一波三折，甚至可以说是从我们手中“起死回生”，令人印象特别深刻。

摩天宇当时是由南方航空引进的，结果没想到在项目正式上报给国家计委之后，突然有一天我们接到电话，得知项目被“枪毙”了。

我们获悉项目未批复的原因是美国通用公司之前在厦门已经有一个类似的项目。当时我们就提出，我们的项目与厦门的项目有很多不同：一是国产化率高达70%；二是维修服务的飞机机型不同，没有类比性；三是有利于形成良性竞争格局。另外，我们也想了很多办法，包括找到德方的外交部门出面支持。最终项目安全落地珠海。当年许多项目的落地和政策的推进，可以说都取决于大胆创新，勇于突破。我们深刻体会到改革需要包容和创新。今天，保税区依然是珠海政策创新的试验区，仍然需要这种精神。

（采写：钟夏）

14 1999年12月20日驻军澳门履行防务

黄文科口述驻澳门部队组建及进驻经过

黄文科，时任驻澳门部队筹备组军事组组长、参谋长。

1999年12月20日，澳门回归祖国。当天中午12时，驻澳门部队经拱北口岸进入澳门，开始履行防务。能够亲身经历并见证澳门回归祖国这一盛事，是我一生的骄傲和自豪。

虽然20多年过去了，但当初如何筹建驻澳门部队、回归当天是何等的盛况空前、进驻澳门后又经历了怎样的艰苦奋斗，至今回想起来仍历历在目，恍如昨日。

历时11个月组建驻澳门部队

1998年8月，江泽民主席提出在澳门回归后派人民解放军进驻，宣示主权。没过多久，国务院副总理钱其琛就宣布中央决定在澳门驻军，军费由中央人民政府承担。

1999年1月30日，驻澳门部队筹备组在广州成立。筹备组主任由广州军区某集团军参谋长刘粤军担任，后其任驻澳门部队第一任司令员。此外，驻港部队政治部主任贺贤书到筹备组当政委。我是军事组组长，后任驻澳门部队参谋长。

筹备组成立后，立即开展各项工作。2月5日，我们到珠海唐家警备区察看临时部署点。3月5日，中央军委主席江泽民签发《组建驻澳门部队》命令。3月9日，筹备组从广州迁至珠海。3月14日、15日，从广州军区某集团军、广州军区直属队以及驻港部队抽组的官兵到珠海集结。

4月12日，驻澳门部队成立大会在珠海举行。驻澳门部队正式成立后，我们紧锣密鼓地开展了一系列训练，包括军政训练，还请有关专家讲解《中华人民共和国澳门特别行政区基本法》等。

11月10日，国家宣布驻澳门部队组建完毕。11月19日，组织了首次对外开放活动。来自澳门各界的近400人参观了营区，近距离接触了我们的先进装备，并观看了军事科目表演。这次开放充分展示了驻澳门部队威武文明的良好形象。

进驻当天受到20万群众夹道欢送

1999年12月20日，是我终生难忘的一天。

当天上午10时30分，驻澳门部队在正岭营区编队完毕。11时正式出发，从珠海大道过前山大桥，再从九洲大道转至迎宾南路，一路上人山人海，彩旗招展。后来我们才知道，珠海市有20万群众夹道欢送，那场面令人十分感动。

到了拱北关口，广州军区司令员陶伯钧、政治委员刘书田等为我们送行。12时整，车队中第一辆吉普车准点跨过标志着两地边界的那条黄线。我当时坐在第8辆车上，那是指挥组的车。

进入澳门后，令我们意想不到的是，有3万多群众在道路两侧夹道欢迎，还拉起了“欢迎人民子弟兵”的标语，跟内地的口号一样，感觉特别亲切。

1999年12月20日驻军澳门

在部队行进到友谊圆形地后，全国政协副主席、澳门中华总商会会长马万祺代表澳门各界人士，向驻澳门部队赠送“威武文明之师”的金匾和写有“威武之师文明之师”的锦旗。

下午1时多，部队到达临时营地龙成大厦。就在我们安营扎寨的时候，突然接到江泽民主席马上要来看望部队的消息。我们立即集结部队，到临时停车场列队接受检阅。

江泽民主席来了以后先与部队领导一一握手，检阅了部队，并作重要指示，要求官兵不负祖国和人民的重托，不辱使命，忠实履行好防务职责。贺贤书政委做表态讲话。我记得那天天气很冷，但是在进驻澳门的第一天就受到国家最高领导人的接见，大家都特别激动。

千方百计适应初期艰苦的训练生活

1974年，葡萄牙政府宣布澳门为不设防城市，1975年从澳门撤军。澳门寸土寸金，以前葡萄牙部队的营区部分已被拍卖，另外一部分交由现在的保安司使用。因此，澳门回归没有防务交接，也没有现成的军营，只能临时租住在罗理基博士大马路的一栋13层小楼——龙成大厦。几百名驻澳官兵的日常生活、军政训练，几乎全部都在这栋楼内进行。

在龙成大厦我们面临很多问题，最现实的困难就是场地狭小，日常训练难以展开。

为此，我们购买了不少训练器材，有杠铃、哑铃、臂力器、体操垫等。爬楼梯也成为训练的主要科目之一。经过摸索，我们制定了“澳内与澳外相结合、室内与室外相结合、分散与集中相结合”的训练模式。澳内就是在龙成大厦的临时停车场开展队列训练、仪仗训练，在室内开展体能训练等，澳外就是在珠海洪湾驻训点每个分队每月轮流驻训，主要进行实枪实弹射击、实车驾驶和分队战术训练、实兵演习等。这是为了保持部队战斗力水平不下降，另外一个重要作用是放风。

部队的士兵都很年轻，在一栋楼里久了难免会有精神压力。我们规定一年只能上街一次（时间是每年成建制轮换前），一次一天，半天观光，半天购物。统一组织，统一往返，10人一大组，5人一小组。回到营区，还要进行严格安检，购买物品超标的要求退回，以保证驻军严格遵守澳门有关法律。

在龙成大厦我们足足待了5年，直到2004年氹仔营区和指挥大楼建好后才搬了出去。

部队建设得到珠海的关心与支持

部队从组建到进驻澳门，大概是11个多月的时间。其间得到了珠海市委、市政府极大的关心和支持。我记得当时的市委书记、市长黄龙云，包括几套班子领导先后到驻军慰问及现场办公多达7次。

1999年2月5日，筹备组第一次到珠海警备区勘察临时部署点时，黄龙云就到唐家看望我们。到现在我还清楚地记得他语气高亢地说："驻澳门部队在珠海组建是珠海最大的光荣，你们要什么就给什么，一定把你们打扮得漂漂亮亮的，按时进驻澳门，展示国威、展示军威。"

"八一"前夕，黄龙云再次来到部队慰问，并送上了慰问金。正岭营区建成后，珠海市委、市政府主动给营房安装了空调。在当时，驻澳门部队基层分队成为解放军序列中唯一配有空调的分队。

珠光集团有限公司是珠海派驻澳门的"窗口公司"。公司负责人经常受珠海市委、市政府的委托，前往部队了解情况，看看部队有什么困难和问题需要帮助和解决。比如每年一次的士兵外出，都是由珠光公司提供车辆。

驻澳门部队进驻澳门前后，珠海在正岭营区建设征地、部队设施配套等方面都给予了很大的关怀，充分体现了多届全国、省双拥模范城的风范。从这一点来说，珠海无愧于"双拥模范城"这一称号。

（采写：靳碧海、郑筱帆）

15 珠海在全国率先实现12年免费教育

钟以俊口述走在全国前列的中小学生免费教育

钟以俊，时任中共珠海市教育工委书记、教育局局长。

从2007年秋季起，珠海对本市户籍的中小学生实行免费教育，义务教育阶段免书杂费、学费，高中教育阶段免学费。从那年的秋季开学以后，珠海初中和小学的学生将无须再在开学时缴纳书杂费和学费，高中生将无须再缴纳学费。据珠海市教育局统计，这一举措，使珠海市当年的165523名中小学生受惠。这一举措，不仅在广东省是首例，在全国范围内也走在前列。

记得那时开学一个半月，我从珠海市第一中学校长走上珠海市教育局局长的位置不到一年，当时我感到自己身上的担子从来没有如此沉重过，眼前的挑战此起彼伏。

降低普通家庭教育支出，让改革成果惠及老百姓

珠海没想过要做标兵。我接待过不少媒体的采访，我对他们一再说，我并不认为这个决策对于珠海来说具有必然性。

事实上，珠海的教育体系在20世纪90年代时可以说非常薄弱。我们的初衷是怎么加快珠海高中阶段教育的发展，怎么进一步实现教育现代化。决定这样做时，我们压根不知道自己是不是第一家。

记得当时的市委书记邓维龙让政协委员和相关教育人士调研12年免费教育的可行性。在当年初召开的“两会”期间，邓维龙参与香洲区代表团分组讨论时，第一次在公众场合提出了这一想法。会议结束后，珠海市委、市政府就开始部署调研和制订12年免费教育方案。

12年免费教育让孩子们更专注学习

从2006年秋季起，珠海开始对该市农村地区九年义务教育阶段学生实施全免费政策，而对城市九年义务教育阶段学生则仍需收取书杂费。

2006年底，珠海通过了广东省政府的教育强市评估，当时我们就开始思考如何进一步推进教育现代化，给自己提出更高的发展目标。很快，我们把目标锁定在推行12年免费教育上。

在之后召开的珠海市六次党代会上，市委提出到2010年要实现教育现代化。珠海市委、市政府对此非常重视，把教育当成民生问题来解决：创造更多的优质教育资源，同时降低普通家庭的教育成本支出，真正让改革成果惠及老百姓。

7年惠及200多万人次，财政补贴14.45亿元

从2007年2月起，珠海市财政、教育部门便开始进行调研和核算。我们发现在原有基础上，每年只需再增加1个多亿，就可以解决问题了——当然这也是一笔大的支出，但市领导认为我们承担得起。

2007年7月17日，发布《中共珠海市委　珠海市人民政府关于推进教育

现代化若干问题的实施意见》。我记得在20条意见中，关于12年免费教育的内容仅有一句话，即："从2007年秋季起，对本市户籍的中小学生实行免费教育，义务教育阶段免书杂费、学费，高中教育阶段免学费。"

按照当时物价部门核定，珠海市普通高中每学期学费为每人810元，一般中等职业学校每学期学费为每人1060元，中专学校每学期学费为每人1500～1800元。同时，珠海市区小学生每学期书杂费、学费为680元，初中生每学期书杂费、学费为1020元。

当时我们预计2007年秋全市可享受新政策的学生达165523人，据此计算，政府为此需每年增加财政补贴1.97亿元。其中九年义务教育阶段123653人，需新增书杂费、学费补贴1.015亿元；高中阶段44870人，需新增学费补贴9521.8万元。

按规定，对市级学校学生的免费补贴由市级财政全额负责，对区级学校学生的补贴则由市、区两级财政各自分担50%。

记得开学前所有的经费和措施都已落实到位。其实1.97亿元的免费补贴只是表面数字，由此带来的教育大发展所需的投入才是大头。

2007年秋季开学对于珠海市的孩子来说，最大的好消息就是不用缴纳书杂费或学费。同样，对于全国人民来说，这一消息也是这段时间热门的教育新闻。2007—2014年的7年来，共有203.46万人次学生享受免费教育，财政补贴14.45亿元。

（采写：刘联）

16 填海造地：支持澳门发展

孙仁口述珠澳合作填海工程

孙仁，时任珠海市委副书记、市政府副市长、珠海经济特区管委会副主任。

我是1980年国庆节前从江门调入珠海的。当时我在江门受了一点伤正在休养，接到时任珠海市委书记、市长吴健民的通知，9月5日，我任职珠海市委副书记、市革委会副主任。11月，我当选为珠海市副市长，主持市政府日常工作。1981年12月，我又担任了珠海经济特区管委会副主任一职。

我在珠海工作了5年，先后参与和见证了珠海与澳门合作填海造地、九洲港建设通航、九洲港深水码头开发等诸多重大工程建设，其中对珠海两次与澳门合作填海造地的印象较深。

合作在澳门新口岸填海造地

珠海与澳门合作填海一事是从1980年开始接触商谈的。一开始，澳门商人吴福通过珠海发展有限公司总经理高敏找到吴健民和我，我们于是在市府二招商议填海事宜。初步意向是由澳门投资，珠海负责填海用的沙石、泥土和劳力。

1981年10月21日，新任澳门总督高斯达夫妇应邀到广州访问，返澳途中顺访珠海市。珠澳双方就澳门填海、妥善处理澳门垃圾等问题交换了意见。

当时，珠海在澳门成立了澳门珠海发展有限公司，专门负责填海。1983年2月19日，澳葡政府与澳门珠海发展有限公司在澳门市政厅签订《关于在

珠海填海造地支持澳门发展

澳门新口岸地区合作实现填海造地的议定书》。澳葡政府计划设备暨建设政务司马文佳及澳门珠海发展有限公司总经理高敏，分别代表双方在议定书上签字。议定书共12条。议定书规定，澳门珠海发展有限公司负责全部填海工程及供应一切所需材料。澳门特区政府负责制订都市化总计划、细则性计划和基础建设工程方案及实施基础建设工程。这项庞大的填海发展计划为期25年，填海所得面积达100万平方米，相当于澳门半岛面积的1/6，投资数亿元。

后来，高敏工作调动，在时任市委书记方苞、市长梁广大通过集体研究决定，由珠海市政府“窗口公司”——澳门珠光（集团）有限公司接手负责新口岸填海工程。

1983年3月，珠海还专门在市委常委办公会议上研究了填海工程的成本及收益，澳门珠光（集团）有限公司的性质（合资）、机构设置、人员配备及材料供应等问题。

茂盛围填海解决垃圾污染问题

还有一宗填海工程是在拱北茂盛围附近实施的。当时，茂盛围和澳门西北角的青洲地区之间只隔了一条窄窄的水道，淤泥很多，从这里偷渡的人也很多。而且澳门居民把这里当作垃圾场，在这片地方丢弃了很多破衣服、旧电子表之类的垃圾，弄得又脏又臭。

我们就和当时澳葡政府华务厅的负责人崔乐祺商议，由珠海帮澳门在氹仔填海造地10万平方米，请他们把垃圾填埋焚烧场建在那里。这个填海工程于1980年谈判，1981年开始动工，由澳葡政府引进设备，澳门珠光（集团）有限公司提供沙石和人力。大概用了两年时间就完成了填海工程。

这次填海不仅解决了珠海茂盛围一带的垃圾污染问题，为珠海增加了就业机会，赢得了收益，也为澳门扩大了城市土地面积，增加了发展空间，同时也解决了垃圾处理问题。

（采写：宋显晖）

17 珠海成立我国首家耗材质检中心

毕明珠口述珠海如何由“耗材之都”向“耗材强都”转变

毕明珠，国家耗材中心筹建过程中引进的学科带头人，国家印刷及办公自动化消耗材料质量监督检验中心副主任。

2007年2月，国家质量监督检验检疫总局批准在珠海市质量计量监督检测所（简称“质计所”）筹建国家印刷及办公自动化消耗材料质量监督检验中心（简称“耗材质检中心”）。2010年4月，国家质量监督检验检疫总局、国家认证认可监督管理委员会联合发文，批准耗材质检中心在珠海成立。这是我国唯一一家耗材质检中心。

2010年4月，我国首家耗材质检中心在珠海成立

每一个国家级的产品质检中心，在国家认证认可监督管理委员会的网站上都可查。目前，在该网站上，办公耗材领域的国家级质检中心仅有珠海这一家。

这是我国唯一一家耗材质检中心

蒋立琴于2006年入职珠海市质计所，在所里的质量技术部任主任。2007年2月，耗材质检中心开始筹建时，蒋立琴被抽调过去专职从事该项工作。

筹建耗材质检中心的想法我们所在2006年就有了。当时我们想筹建的仅仅是打印耗材质检中心。2006年底，国家质量监督检验检疫总局党组书记李传卿视察珠海时，我们向李传卿汇报了这个想法。李传卿很支持，但说仅仅建个打印耗材质检中心服务面太窄。按照他的建议，我们把耗材质检中心的业务范围确定在“印刷及办公自动化耗材”这个更大的领域。

当时珠海已经有世界耗材之都的雏形了。2007年，珠海的色带产量占世界的70%，墨盒产量占56%，兼容性鼓粉盒产量占24%。耗材行业聚集性已经很明显。

筹建事项获得国家批准后，筹建组对珠海企业、国内相关业务领域的质检中心进行了调研。那时，天威飞马、纳思达等珠海企业已经是国内的龙头企业了。我到这些企业调研，企业反应很积极，说之前要检测耗材质量，还得往国内其他城市跑，又费时间又费钱。企业建议耗材质检中心的检验能力应当覆盖珠海本地已经大规模生产的墨盒、碳粉、色带等产品。

为了进一步确定耗材质检中心的检测范围，2007年6月29日、30日，筹建组在市质监局组织召开了国内外专家论证会。我们请来了一大批国内外专家，包括中国计算机行业协会耗材专委会秘书长龚滨良先生、美国麻省理工学院谢明楷教授、英国Recycler公司董事长兼欧洲再生打印耗材行业协会副主席David Connett、珠海市耗材行业协会会长张希平先生等。他们都认为耗材质检中心的筹建十分必要。

龚滨良提出在检测标准方面，耗材质检中心可以利用珠海现有的企业标准，参与ISO国际标准的研讨，尽快出台健全的打印耗材行业标准或国家标准。

张希平提出先开展市场急需且基础较好的打印耗材、油墨和纸张等重点项目，在引进高精尖检测仪器的过程中，应考虑到仪器的适度超前性。

这些意见都被我们采纳了。这次论证基本确定了耗材质检中心的检测范围和基本设备配置。

公正、权威、高效、全面的检测服务和技术支撑平台

我是在耗材质检中心筹建过程中，经蒋立琴引荐加入的，参与了后期的筹建工作。我们在确定耗材检测范围时就决心要比国内其他相关质检中心广。

以色带为例，国家对色带的打印效果，经纬线密度，接头的宽度、强度和厚度等项目都有要求。但因技术有限，当时国内其他相关质检中心对色带的检测都只局限于它的打印效果。我们的耗材质检中心却能把这些项目检全了。

对设备的挑选也经过了反复的考察和论证。筹建组对国内相关质检中心的相关设备进行了逐一调研，提出了购置关键设备的清单与相关的技术参数。

我还记得，当时天津的国家复印机研究所有一台20世纪80年代初期生产的墨粉粒径分析仪，用了20多年还在正常使用。我们觉得它质量好，又耐用，就联系了这个厂家，购买了该设备的最新型号，这台机器现在还在使用。

筹建组最终确定的设备总价高达1500万元，其中省财政支持1000万元，珠海自筹500万元。随后，筹建组按照质检总局的要求，加强技术能力建设、团队建设、科研能力建设，最终通过了国家质量监督检验检疫总局组织的现场考核验收，顺利将全国唯一的耗材质检中心落户珠海。

如今的耗材质检中心在广东省打印耗材集群专业镇南屏拥有占地16666平方米、实验面积18267.64平方米的质检中心，是中国质量认证中心（CQC）签约实验室、中国环境标志产品认证签约实验室、中国标准化研究院能效标识管理中心检测实验室，是经广东省外贸厅认定的打印耗材检测外贸公共服务平台。耗材质检中心现有技术人员18人，其中博士、硕士、本科生的比例高达94%，高级专业技术职称人员达到56%，形成了一支专业齐全、人员层次结构合理的高水平检测队伍。配置有美国贝克曼库尔特粒径分析仪、美国QEA感光鼓测试仪、荷兰IGT印刷适性仪、印刷表面粗

糙度仪、扫描式图像品质分析系统等高精尖监测仪器设备，具备承担鼓粉盒、墨粉、油墨等300多项标准的检验能力，全面覆盖珠海耗材产业所有产品及国内耗材产品主要标准。

耗材质检中心集聚产业技术优势和人才优势，先后参与制定/修订国家标准、行业标准、地方标准约20项。2008年出台了全国首个打印耗材联盟标准《打印耗材再生产品生产过程环境控制要求　再生鼓粉盒、再生喷墨盒》，引领再生耗材产业健康发展。主导制定的“喷墨盒”广东省地方标准，填补了国内在该领域的空白，突破了原装厂家长期以来对兼容墨盒生产的控制，促进了国内兼容墨盒生产的成倍增长。

耗材质检中心还为珠海耗材产品研发、生产过程及出厂提供全过程的检验服务，缩短检验周期，降低检验成本，并开展对企业质量控制人员和生产技术人员的培训，促进提升产品质量。2013年，耗材质检中心为珠海耗材企业进行生产质控检测430批次、产品出厂检测750批次，平均缩短检验周期50%，降低检验成本2/3。

耗材质检中心的落户，为珠海耗材产业集群提供了一个公正、权威、高效、全面的检测服务平台和技术支撑平台，吸引全球耗材企业、研发机构及耗材展会落户珠海，促进珠海耗材产业集群转型升级。国际知名的打印耗材展览会Remax亚太展于2007年也从澳大利亚移到珠海，且已连续3年成为全球最大的打印耗材专业展览会。

在耗材质检中心的推动下，珠海市耗材企业数量从2006年的203家增加到2012年的682家，从业人数增加到5万人，占全球的1/3。

珠海已成为全球打印耗材产业规模最大、产业链最全、技术水平最高的区域之一，正从“耗材之都”向“耗材强都”转变。

（采写：陈国超）

18 我国首个中华白海豚保护基地落户淇澳岛

刘思远口述中华白海豚淇澳管理基地成立

刘思远，时任广东省海洋与渔业局资源环境管理处处长，全程参与淇澳岛白海豚保护基地建设。

珠江口水域是中华白海豚分布最密集和拥有资源数量最多的区域，1999年广东省政府批准建立珠江口中华白海豚自然保护区，由广东省海洋与渔业局负责主管。2003年6月，这个保护区由国务院批准晋升为国家级自然保护区。2010年10月10日，珠江口中华白海豚国家级自然保护区淇澳管理基地在珠海市淇澳岛关帝湾揭牌。

高标准建设白海豚保护基地

中华白海豚属国家一级重点保护海洋哺乳动物，有“海上大熊猫”的美誉。珠江口因特殊的地理位置，有着得天独厚的环境和资源，为中华白海豚提供了生息、繁衍的有利条件，成为中国最大的中华白海豚栖息地。我当时在广东省海洋与渔业局资源环境管理处工作，一直与中华白海豚“打交道”。

中华白海豚保护基地

现在回想起来，中华白

海豚淇澳管理基地的成立与香港回归有着密不可分的联系。1997年7月1日，香港特别行政区选择中华白海豚作为吉祥物。随后国家开始对中华白海豚的分布、生存状态进行调查，并着手进行保护。正是在这一背景下，1999年10月，珠江口中华白海豚自然保护区经广东省政府批准成立，4年后，升级为国家级自然保护区。

建立管理基地的构想其实早在2005年就已经提出，选址确定在淇澳岛后，2008年5月6日正式动工。该基地占地面积8675平方米，主体建筑由办公楼、综合楼以及中华白海豚救护中心三部分组成。救护中心建筑面积2000平方米，包括暂养池、恢复池和救护池三部分，接收到的病豚可在此集中养护。

在结构功能上，救护中心的设计别具匠心，采用高性能环保材料和安全性构造，室内恒温恒湿，符合中华白海豚的生活习性。救护水池的深度参考美国等国家的经验。中华白海豚习惯的水深为4米，救护中心水池除救护池为方便操作定深2米外，其他2个水池均为深度4.5米、面积78平方米和210平方米的大池。

池中的水也很有讲究。为保证水质安全，救护中心用水统一取用离东澳湾海岸线150米开外的海水，经特殊净化，酸碱度、大肠杆菌数等10多项指标符合要求后才能排入水池。

港珠澳大桥为中华白海豚让路

就在中华白海豚淇澳管理基地建设的同时，连接粤港澳三地的大型工程、世界上最长的跨海大桥——港珠澳大桥建设也进入关键时期。因为大桥工程地处珠江口海上交通咽喉要道，穿越中华白海豚自然保护区核心区约9公里、缓冲区约5.5公里，共涉及保护区海域约为29平方公里，周边环境敏感区域众多，大桥的施工不可避免地会对中华白海豚的栖息地产生影响。如何在大桥建设中保护中华白海豚这个课题从一开始就备受社会各界关注。

我记得，为解决这一问题，在港珠澳大桥施工前，关于对中华白海豚影响的评审会就开了好几轮。2005年10月，广东省海洋与渔业局主持召开中华白海豚影响专题研究报告专家评审会；2007年7月及11月，国家渔政渔港监督管理局分别在珠海和广州主持召开“港珠澳大桥对珠江口中华白海豚影响专题研究报告”专家评审会，形成评审意见。2008年11月，国家渔政局批复了《港珠澳大桥工程对珠江口中华白海豚的影响专题研究报告》。

各项前期工作都是为了把对中华白海豚的影响降到最低，为此，建设方案对保护区段的桥梁、隧道、人工岛、施工方法等多个方面都进行了调整。比如深水区非通航孔桥由70米增大到110米，浅水区非通航孔桥由70米增大到85米，从而减少桥墩。施工方法由海上作业变为陆地工厂化作业，这大大缩短了海上作业的时间，减少了施工人员以及设备，降低了对环境的影响等。

曾有媒体报道称，这些保护措施顺利实施后，港珠澳大桥将相应增加工程造价36.7亿元。港珠澳大桥施工对中华白海豚的影响也得到了广东省领导的关注。2012年2月，广东省委副书记、省长朱小丹赴港珠澳大桥进行考察时指出，要让中华白海豚成为港珠澳大桥的形象代表。中华白海豚不“搬家”，是港珠澳大桥项目的建设目标。

从源头上加强对中华白海豚的保护

建成后的中华白海豚淇澳管理基地集管理、指挥、科研、救护于一身，可一次对4只中华白海豚实施救护，从而有效遏制珠江口流域中华白海豚锐减的局面，在中华白海豚救助方面起到了积极作用。

备受社会关注的一个事件是，2012年2月12日，一只体长超过2米、伤痕累累的雄性中华白海豚误入佛山南海内河道，后被紧急送往淇澳管理基地进行救治。经过近10天的治疗，这头中华白海豚的身体情况持续好转，脱离生命危险。在随后的几个月中，这头被称为“老佛爷”的中华白海豚在基地“安家”，在管理人员的细心呵护下，身体逐步恢复。这是该基地建成以来抢救成活的第一只中华白海豚。

近几年来，中华白海豚淇澳管理基地除了加强对中华白海豚的救助外，还从源头上减少人为因素对中华白海豚生活环境的影响：要求有关穿越保护区的航线进行调整；派出专船在保护区边界和水域巡逻，阻止船只进入保护区范围，不准渔船和挖沙船在保护区周围作业；定期组织监测船对珠江口的中华白海豚进行监测普查，随时掌握保护区内中华白海豚的数量变化，监测人员详细记录中华白海豚活动状况和群体数量，并定时观测记录各项环境要素，为中华白海豚科研保护积累资料；在保护区内的合适水域投放人工鱼礁，吸引各种鱼类生物聚集，修复被破坏的河口生态环境，恢复和增殖渔业资源，为中华白海豚的生存提供充足的食料。

经过几年的不懈努力，目前珠江口中华白海豚国家级自然保护区内生态环境稳定，已成为中华白海豚能够安全生活、繁衍的家。

（采写：靳碧海）

19 九洲港：在艰难中建成开通

周本辉口述九洲港的建设历程

周本辉，时任九洲港工程建设副总指挥。

1982年开港的珠海九洲港是中国的著名港口，每天穿梭于各地的高速客轮可直达香港、深圳蛇口、海口等地，方便旅客出行。回想当年，建设九洲港作为珠海经济特区起步阶段的“第一号项目”工程，令世人瞩目。九洲港的建设和口岸开通历经艰难险阻，其建设过程彰显了特区敢想敢干的开拓创新精神，今天依然给人们强大的精神动力。周本辉当年曾担任九洲港工程建设副总指挥，今天他回想起当时的奋斗岁月，依然激情满怀，感慨万千。

两船钨砂换回启动资金

1980年，经中央批准，珠海撤县建市并成立经济特区。“当时真可谓百废待兴，市委、市政府从各地抽调干部组建各有关机构。”周本辉回忆道，“我当时从团省委派往珠海筹建共青团珠海市委，担任团市委书记。后来担任市政府副秘书长，分管工业、交通和外经贸工作。”

周本辉说，珠海凭借独特的地理位置，曾经是对外交通和海上交通要道，在我国交通史上有过辉煌的一页。但在改革开放初期，珠海的交通基础设施相当落后，临海而无海港，仅有零星小规模的渔港和内河港。同时，陆路交通条件有限，不通火车，公路也不发达。航空运输更不用提了，是空白。许多当年创建特区的人至今还记得，从珠海到广州，早上出发要经过4个渡口，下午才能抵达。“当时的市委、市政府决定，从港口建设着手，打通经济脉络。”

1981年8月6日，九洲港动工兴建，周本辉被任命为九洲港工程建设副总指挥。周本辉说：“由于缺乏启动资金，无奈之下，只好卖了两船钨砂，才换回建设九洲港的资金。”

当时采取由政府主导、企业化运作的模式启动项目，由广东省珠海经济特区发展公司负责承建，海上防浪大堤由海军工程处承建。

港口选址颇费周折

周本辉回忆，1981年的吉大洲仔一带十分荒芜。海边的乱石滩少有人烟，沿岸稀疏散落着几间吊脚楼。当时要在6平方公里多点的范围内选址建设一个现代化港口，符合条件的地方不多。专家认为，天然的海岸线不规整，地质条件不稳定，因此很多点被否定。港口的选址令当时的决策者颇费心思。

专家学者经过实地考察后，终于在距离洲仔自然村200米附近的一处荒滩外，确定了将要开建的九洲港码头的确切位置。根据海图分析，专家一致认为，这里海域开阔，自然水深符合港口建设标准。最为重要的是，后靠炮台山，工程建设基础稳固。但是，这里背后乱石穿空，前方惊涛拍岸，中间几乎连个浅滩也没有，没有施工场地，建设工程根本摆不开。如何开工成为首先必须破解的难题。

经过反复协商，施工技术人员沿山边开凿出一条施工道路，让各种起吊机、挖土机等“大家伙”能够进场。然后进行山体爆破、山上开采的石头、泥土一股脑全部运到海边，填起一块平整的施工场地。

港口建设对水深有严格的要求。尽管这里已是水位较深的一段，测定水位为2米多深，但专家认为，“这个水深对于客运而言基本符合标准，而货运需要4米以上深度”。因此，在建设过程中，施工人员一边建设，一边吹沙，通过挖掘不断扩展航道深度。经过一年的艰苦建设，1982年7月，九洲港码头、客运中心等配套建筑全部竣工。

用无线电引航开先河

周本辉说，以当时那样的条件，建一个国家一类口岸，虽然没技术、缺资金，土建和筹款也很困难，但最难的还是口岸的开通审批问题。因此他们冲破原来计划经济体制留下的条条框框，靠理念创新和使命担当完成了任务。

当时香港、澳门还没回归，过来的都是外籍船舶，当时国家的口岸管理体制规定，所有外籍船舶要进港，必须由我国的水手登船引航才能进广州的黄埔港，有时要等一个星期。来自香港的飞翼船要停在桂山水域的1号航标处国际锚地上等待引航，那里风大浪大，旅客哪里受得了长时间的等待。如果不解决这个问题，九洲港就算开通了也无法发挥作用。

怎么办？“于是我们想了个对策，经上级批准，采用无线电引航的方式，就是外籍船方在快到1号航标处时，用无线电向我方报告船只、船员和所载旅客情况，我方接到报告后批准进港，到港后，由我方的边检、海关、检验检疫等部门人员登船检查后旅客再下船上岸。这就解决了香港船舶直接靠岸的问题。”周本辉说，“这种‘联合联检’模式，开创了全国口岸管理的先例。当时没有手机等先进通信工具，只能靠对讲机引航。正是通过一系列改革创新，最终解决了影响九洲港口岸开通的各种不利因素。1982年9月20日，经国家口岸管理办公室批准，九洲港成为对外籍船舶开放的一类口岸。同年9月28日，九洲港至香港客运航线通航，成为珠海对外开放的重要门户。”

（采写：康振华）

20 新校区揭开“一国两制”新篇章

赵伟讲述澳门大学在珠海横琴建设新校区的过程

赵伟，美籍华人知名学者，时任澳门大学校长。

澳门大学创办于1981年（当时为东亚大学），经过30多年的发展，澳门大学在教学、科研和社区服务领域做出了卓越贡献，成为澳门地区最优秀也最具影响力的国际化的综合性公立大学。

然而，澳门地少人多，在土地资源非常有限的情况下，占地仅0.05平方公里的澳门大学称得上是“有校无园”，9000多名师生拥挤在不到一个足球场大小的校园，没有丰富多彩的校园生活，国家重点实验室设在学生宿舍里，条件非常简陋。当时澳门本地40%的高中生毕业后选择赴海外求学，这严重影响着澳门大学的人才培养和澳门高等教育事业的发展。于是，从2006年开始，澳门大学校董会就在酝酿新校区建设事宜。

2009年1月10日，时任国家副主席习近平考察访问澳门，并代表中央政府宣布开发横琴岛。当时我刚履新澳门大学校长只有两三个月时间，澳门各界普遍认为，开发横琴岛以及为澳门指明走经济适度多元化的道路，是中央政府送给澳门的一份厚礼，澳门特别行政区政府应当把握机遇，加强粤澳、珠澳合作。

为了解决澳门大学长期用地短缺问题，推动澳门发展高等教育事业、培育专业人才，中央政府原则上同意澳门大学在珠海横琴岛建设新校区，并作为“一国两制”框架下粤澳合作的标志性项目来推进。

2009年春节期间，我们就和澳门特别行政区政府的相关人员一起，与广东省的领导谈澳门大学新校区项目，整个过程非常顺利。5月上旬，完整的方案就已经送到了北京。6月27日，全国人大常委会表决通过决定，授权澳门特别行政区对将来启用的、设在横琴岛、用地面积为1.0926平方公里的澳门大学新校区实施管辖。

方案最终高票通过。此后，在广东省、珠海市的大力支持下，新校区项目推进很快，2009年12月20日，在庆祝澳门回归祖国十周年之际，时任国家主席胡锦涛出席澳门大学横琴校区奠基仪式。经过3年多的建设，2013年7月20日零时完成了移交工作，澳门大学横琴校区正式实行澳门特别行政区的法律，横琴由此成为“一岛两制”的特殊区域。2013年11月5日，澳门大学横琴校区举行启用仪式，时任国务院副总理汪洋、澳门特别行政区行政长官崔世安共同为新校区揭牌。2014年12月20日下午，国家主席习近平来到澳门大学横琴新校区考察。

有了横琴这片土地，澳门大学校园变得独一无二。澳门大学横琴新校区的面积比老校区大了约20倍，可容纳1.5万多名学生，硬件设施“鸟枪换炮”，我们可以更好地开展教学、科研工作。另外，我们还抓住机遇对澳门大学的学科设置、教学模式、师资管理做出调整和改革，我们全面建设亚洲最大的住宿式书院，把不同年级、不同专业、不同背景的本科生安排在8个书院内共同生活、学习、开展各项活动。可以说，新校区的建设和使用，为澳门大学带来了质的飞跃。

从今天的角度来看，澳门大学在横琴建设新校区是从不可想象到真切现实的跨越，其意义远远超过对一个大学自身的影响。但作为一项前无古人的事业，当时社会各界有许多顾虑。我们一共召开了30多场咨询会，一直开到澳门立法会。回头来看，我们达成了一个新的共识，“一国两制”

不是一个简单的分离或隔离，而是一个活的制度，“一国两制”如果推动得好可以让两个制度下的人民都获得福祉，澳门大学横琴新校区项目就是对“一国两制”的新实践、新探索。

（采写：付洪军）

21 两年内兑现税补1500多万元

阎武口述横琴新区在全国率先实行港澳居民个税差额补贴

阎武，时任横琴新区财金事务局局长。

2014年3月19日下午，在珠海长隆投资发展有限公司工作的香港雇员文建兴、区志明分别领到了横琴新区发放的个人所得税补贴，这标志着横琴新区港澳居民个税按照“港人港税、澳人澳税”政策正式实施，这也是全国首例港澳居民个税差额补贴。横琴成为全国首个也是唯一一个对港澳居民发放个税补贴的地方，提升了横琴对港澳高端人才的吸引力。

回顾该项全国独一无二、针对港澳居民的个税优惠政策的争取和实施

优惠政策自2014年实施两年内，横琴已发放1500多万元个税补贴

过程，亲历这一历史的横琴新区（自贸区）管委会副主任阎武用了“艰难”和“庆幸”这两个关键词。

初次上报方案被驳回

2009年6月24日，《横琴总体发展规划》获得国务院审批通过，由此拉开横琴开发建设的序幕。同年12月，横琴新区（自贸区）管委会正式成立，新区的各项工作全面展开。在市有关部门的牵头下，成立了几个专项小组分别对财政、税收、金融、产业等政策进行研究，向省、国家争取相关的优惠政策以促进横琴的发展。

时任横琴财金事务局局长的阎武正是当时研究财税政策的成员之一，他参与了横琴争取各项财税优惠政策（包括港澳居民个税补贴）的历程。

“在当时国家普遍收紧各项优惠政策的大背景下，横琴争取到对在横琴工作的港澳居民进行个税补贴，的确来之不易。”阎武告诉记者，“最初我们在向上面争取创新政策时，由于欠缺经验，上报方案涉及面很广，缺乏针对性，所提创新税收管理、税收征收体制等内容都比较宽泛，上报方案几乎全遭打回。”

阎武说：“当时感觉一盆冷水泼了下来，但政策研究小组的成员并未气馁，通过反思和研判，发现方案制订要规避对体制的变动，应根据横琴的实际寻求到具体的核心定位，重新制订方案。中央各部委考虑的是全国一盘棋，除非我们找到一个合理的理由说服他们，否则是成功不了的。”

找准港澳特色，争取独特优惠

政策研究小组经过用心思考，终于锁定“港澳特色”这个着眼点。按照横琴总体发展规划，横琴要建设成为“一国两制”下探索粤港澳合作新模式的示范区，承担着推动粤港澳紧密合作、促进澳门经济适度多元发展和维护港澳地区长期繁荣稳定的政治使命。

有了“港澳特色”这个着眼点，争取优惠政策便有了突破口。政策研究小组经过对港澳税制的大量研究，发现港澳的税法、税制、税率以及征收内容和征收方式都与内地有很大不同，税负也低于内地。而横琴要成为澳门经济适度多元发展的平台乃至粤港澳紧密合作示范区，肯定要吸引港澳企业到横琴投资、吸引居民前来工作。如果企业和居民在横琴工作的税负高于港澳，就会影响到他们的积极性，这对于粤港澳合作尤其是澳门经济适度多元发展是不利的。“因此我们就在想，能不能向上面争取政策，使港澳的企业和居民到横琴经营、工作的税负向港澳当地的税负靠近，吸引他们过来。”阎武说。

调整后上报的方案，财政部的领导认为颇有道理，但仍然难以批复。阎武回忆道，我们在争取政策时加强与澳门特首、在澳门的人大代表和政协委员的沟通，希望他们从促进澳门经济适度多元发展出发，与横琴一起推动相关政策的落实。

经过多番努力，2011年8月，国务院终于正式批复横琴开发的相关政策，并明确提出对在横琴工作的港澳居民给予个税补贴，这在全国尚属首次，横琴也成为全国唯一拥有此项政策优惠的地区。

制定实施细则普惠港澳人才

“在国务院批复之后，我们就赶紧研究，做相应的管理方案报给省里批，最终在2012年底出台了《广东省财政厅关于在珠海市横琴新区工作的香港澳门居民个人所得税税负差额补贴的暂行管理办法》（简称《管理办法》），决定从2013年开始正式实施该项优惠政策。”阎武说，“这只是实操阶段万里长征第一步。”

因为补贴是针对上一年度的纳税所得，所以2013年正式实施，执行则要到2014年。因此2012年底出台《管理办法》后，横琴的工作人员又马不停蹄地研究制定相关的实施细则。

“由于内地、香港以及澳门分别实行不同的税法体系，如何在具体操作层面让这三个税法体系顺利‘接轨’，并厘清三地个税如何适用、适用范围，我们除了不断与港澳税务部门沟通协商，还请世界四大会计师事务所之一的普华永道会计师事务所前来协助。”阎武表示，“为了最大限度地方便纳税人，我们在表格设计、流程设计等方面打响了艰苦卓绝的专业攻坚战，珠海本地不少税务专才在这一攻坚战中展示出极高的专业素养和专业精神，真正为港澳人士来横琴工作设身处地做了实事。”

“实施细则制定后，我们也积累了个税研究和个税创新方面的宝贵经验，以至于财政部也会经常邀请我们与专家一道参与个税研究课题。”阎武说。

据了解，该优惠政策实施两年内，横琴已发放1500多万元个税补贴。

（采写：宋雪梅）

22 珠海从未停止实践探索的脚步

卓家伦讲述科技重奖诞生的背后故事

卓家伦，时任珠海市科学技术委员会主任。

2020年5月，珠海宣布启动“创新珠海”科学技术奖，斥资百万元奖励创新人才或团队项目，向外界释放珠海求贤若渴、尊重创新的信号。

重奖人才，很容易让人联想起1992年珠海的一幕：迟斌元等科技人员获得的奖励包括汽车、住房、巨额奖金……珠海科技重奖就像一颗“精神原子弹”，使珠海释放强大磁力，吸引了全国科技人才纷至沓来。

“宣布奖金金额的时候，全场都沸腾了，欢呼声、掌声久久不停。”原珠海市科学技术委员会主任卓家伦曾参与筹备珠海首届科技重奖颁奖大会，见证了珠海科技重奖的诞生、发展、完善、变革全过程，回想起当时的情景，他仍激动不已。他说：“科技重奖功载史册，关键是它为珠海营造了‘尊重知识，尊重人才’的氛围，诠释了珠海经济特区‘敢闯敢试，敢为人先，埋头苦干’的特区精神。”

珠海科技重奖开先河

“珠海首开国内科技重奖先河，并非偶然。”卓家伦说。20世纪70年代后，许多国家科技发展势头迅猛，要实现“弯道超车”就必须把经济建设转移到依靠科技进步的轨道上来。与此同时，越来越多的科技人员从科研机构走向经济建设主战场，但他们所获得的报酬与实际贡献仍不相称。“我们必须建立一套新的科技进步激励机制，走一条与众不同的发展道路。”

科技重奖奖房奖车

1988年，珠海提出要从劳动密集型产业向技术密集型产业转变。同年，卓家伦来到珠海工作，开始参与珠海科技重奖的筹备工作。

1991年3月，时任珠海市委书记、市长梁广大在出席广东“两会”时第一次向外界透露，珠海准备给有突出贡献的科技人员奖励汽车、住房，并责成市科委围绕“营造尊重知识和人才的特区环境，促进高新技术产业化”这个目标，尽快制定出科技重奖的办法来。

这一番话犹如巨石入水，其巨大的冲击波迅速从珠海波及全国，从科技界蔓延到全社会，质疑声扑面而来。“当时有人说，国家级科技奖励和上海等大城市的科技重奖不过一两万元，你小小珠海有什么了不起的，科技成果值得奖励上百万元？有人说，珠海的科技重奖不具有普遍性，在内地根本行不通。”

就在卓家伦等人忐忑不安地起草百万元重奖方案时，1992年1月，我国改革开放的总设计师邓小平第二次视察珠海，并对珠海准备出台的科技重奖做法表示赞成。

“梁广大书记当面向邓小平同志汇报，珠海准备给予科技领域有突出贡献的科技人员重奖，奖汽车、奖房子、奖票子，邓小平同志听了以后就竖起大拇指说‘我赞成’。”卓家伦回忆说。这一肯定无疑给他们吃下了一颗“定心丸”，使得珠海顶住了各种反对和非议。

当年3月9日，珠海市首届科技进步突出贡献奖励大会召开，引起全国媒体的高度关注。首届大会有5个项目获奖，其中特等奖3个、一等奖1个。当特等奖获得者迟斌元、沈定兴、徐庆中接过获奖证书、汽车和房子的钥匙时，珠海可谓万众瞩目，获奖者万千荣耀集于一身。

当年收到千余封海内外信函

科技人员凭科技劳动一夜间成为百万富翁，这是中国科技奖历史上空前的一次。珠海市首届科技进步突出贡献奖励大会举行后，全国掀起对知识价值、科技成果如何转化为生产力的大讨论。

令卓家伦印象深刻的是，颁奖不久后，一名上海的科技人员给他写信说，当年在北京举行的全国科技工作会议上，议论最多的议题就是珠海科技重奖。

与此同时，珠海由一个科技人员奇缺的边陲小县，成为海内外科技人才的向往之地，这奠定了珠海成为创新之城的基础。据不完全统计，当年珠海就引进科技型企业28家，总投资6亿元；收到1000多封海内外信函，其中500多封来自海外留学生。珠海出洋招兵买马，振臂一呼，揽回130多名海外学子。

另据统计，在实施科技重奖的前3年中，共有2.3万名科技人员、800多名海外留学人员要求到珠海工作，5000多人次携400多项科技成果来珠海洽谈合作，吸引投资8亿多元。这为当时珠海高新技术产业的发展注入了前所未有的活力。

面对雪花般飞来的信件和科技项目，珠海迅速成立了一个新机构——珠海科学技术协作中心，专人接洽欲落户珠海的海内外大批科技人员、科技成果和资金。全国各地的人也纷纷前来珠海学习取经，很多地方政府结合本地实际出台了相关重奖措施。

卓家伦告诉记者，1992—2003年，珠海市共颁发9次百万科技重奖，有31个科技项目的突出贡献者获得重奖，18位科技人员开上市政府奖励的奥迪小汽车，23套住宅落在首席获奖者的名下，奖金最高曾达657万元，首席获奖者得328万元。获奖人员所在的企业包括亚仿、金山、远光、优特、丽珠等，现在都已成为珠海经济发展行业的“领头羊”，也成为珠海各项事业稳步发展的“推进器”。

形成创新长效体制机制

“只是重奖还远远不够。”卓家伦表示，科技成果的转化是个社会系统工程。重奖只是在短时间内给科技工作者一份荣誉，给予一定奖励，以此推动科技成果的转化，但很难形成长期效应。为此，在重奖之后，珠海便开始着手制定一个政策体系，希望能持续增强对人才的吸引力，让先进的技术成果能够在珠海不断涌现，进一步完善发展科学技术的环境。

1999年7月，珠海以地方立法的形式，在全国率先出台《珠海市技术成果入股与提成条例》，首次将技术入股写进地方性法规，建立和完善了技术成果入股提成的激励机制。

2013年，珠海实施全国首部人才开发地方性法规——《珠海经济特区人才开发促进条例》，为珠海引进更多优秀的海外人才创造了良好条件。

2016年实施的《珠海经济特区民营经济促进条例》在“技术入股”的基础上，增加包括研发技能、管理才能等在内的“人力资本入股”。

2018年实施的《关于实施“珠海英才计划”加快集聚新时代创新创业人才的若干措施（试行）》，由16条举措组成的珠海人才新政含金量高、保障力足、针对性强、覆盖面广，再度引发各界广泛关注和讨论。

一个个引才纳才新政为珠海强化人才战略、打造人才高地注入强劲动能。2019年，全市656家企业通过高新技术企业认定，高企总数2212家，拥有省级新型研发机构17家，省级以上创新平台406家。全市科技型企业孵化器和众创空间总量均达到34家，在孵企业数量达到1639家。全市累计省领军人才14名，省级创新创业团队6个，市级院士工作站达到13家。在全国289个城市的科技创新发展指数排名中，珠海首次跻身十强，位列第十名。这张亮眼的科技创新成绩单让卓家伦备感欣慰。

退休后，卓家伦依然心系珠海科技发展，先后担任珠海市软件行业协会常务副会长、名誉会长。采访中，提起近年新鲜出炉的“创新珠海”科学技术奖，他说如今珠海科技重奖虽不再有当年的轰动效应，科技奖项评奖办法、标准、规定也在变，但其内核依然延续着珠海崇尚科学、尊重知识和人才的良好风尚，“珠海人一直都没有停止实践探索的脚步”。

（采写：佘映薇）

23 她见证了珠海成长

潘鹤、潘奋父子讲述珠海渔女创作过程

潘鹤，中国美术奖·终身成就奖获得者、著名雕塑家，致力于美术创作至今70余年，被誉为“珠海渔女之父”。

潘奋，潘鹤之子，全国城市雕塑建设指导委员会艺术委员会委员、广州美术学院潘鹤艺术馆馆长。

香炉湾畔，望月山下。有位伊人，临水遥望。

珠海作为经济特区，已走过四十载。而她，作为改革开放初期的标志性建筑物，见证了珠海的成长。

不用过多的描述，熟知珠海的人们心里早有答案，她便是珠海渔女。

潘鹤雕刻的渔女见证了珠海发展变化

最熟知珠海渔女的人，绝对绕不开他们，那便是在中国雕塑界有着重要影响力的潘家父子——珠海渔女的创作者潘鹤及其子潘奋。

山石雕塑打造石景山公园

位于广州市海珠区的潘鹤雕塑艺术园内，摆放着一代雕塑大师潘鹤的数百件作品。在这些作品中，珠海渔女有着非一般的意义。

“父亲与珠海的第一次合作并不是珠海渔女，而是石景山公园。”提起珠海，潘奋瞬间打开话匣。

潘奋幽默地表示，作为父亲的“小跟班”，自己10来岁就跟着父亲，关于珠海渔女创作的故事，自己算是掌握了第一手资料。

原来，潘鹤先生与珠海结缘，有一个小插曲。故事要从1978年说起，当时，霍英东在中山投资建设温泉宾馆，邀请广州美术学院的专家商讨，计划定制一批艺术品。“雕塑当年不被看重，父亲宁愿赔本，仍坚持亲手为宾馆定制户外雕塑。”潘奋称，当年全国宾馆都没有摆设雕塑的先例，父亲的作品爆红，引来全国关注。

这边中山的项目还没完工，广州美术学院雕塑系的主力就被请到珠海。1979年，珠海刚刚建市，珠海市第一任市委书记吴健民提出，珠海市需要一个雕塑做城徽。“先是邀请专家来考察。当时的珠海尚未起步，连一间宾馆都没有。”潘奋说。

尽管“一穷二白”，可香炉湾山坡的怪石却引起了艺术家的兴趣，大家商议决定在这里建一个公园。

当时的香炉湾上一片蒿草、荆棘和乱石，但潘鹤发现很多石头竟有动物的模样，他立即从广州美术学院雕塑系带来十几个师生，用石灰水在石头上勾出轮廓，然后稍加创作。“用了不到3000元，两个月时间完成了山石雕塑创作，石景山公园由此而来。”潘奋回忆，这一创新，在当时独一无二，《人民画报》以很大的篇幅登载了石景山山石雕塑，在全国引起轰动。

开创中国大型海滨雕塑先河

随后，珠海渔女创作的故事更为传奇。

“珠海原来设想在拱北建设城徽，但方案被推翻；后来决定在香炉湾畔建设，雕塑草图初期几乎全是男性形象。”潘奋回忆，当时，父亲觉得珠海是一座具有渔业基础的城市，可以通过女性渔民的形象来展示珠海。这一设计在立意上颇有考究，用一个神话爱情故事，去打造浪漫的文化。

然而，在珠海做大型户外雕塑的设想遭到不少人反对，“更有人直指做石头女人有伤风化”。潘奋展示着父亲最初做的渔女模型。

所幸的是，珠海市政府敢于创新的决心让项目得以推进。1982年，珠海渔女完工，她手戴玉镯、颈配珍珠、身披渔网，面带微笑托举着明珠，含情脉脉地欢迎四面八方游客的到来。雕塑高8.69米，重量达10吨，用花岗岩分70件组合而成，在当时可谓巨型雕塑，施工难度之大可想而知。

“珠海渔女的建设，不单是为珠海创造了地标，对全国雕塑界同样具有里程碑的意义。”潘奋评价道，“这是父亲最在意的一段历程，既开创了中国大型海滨雕塑的先河，同时也为城市雕塑发展掀开新的一页。”

从一座雕塑看一座城市。“从石景山石雕到珠海渔女，人们不难看出当年珠海经济特区白手起家的热情和敢于创新开拓的精神。”潘奋由衷点赞。

父子俩与珠海抹不掉的情缘

在业界看来，珠海渔女是一件构思巧妙且与城市环境相得益彰的作品。而对潘家父子而言，这是一件融入个人深刻情感的作品。

“珠海渔女的创造灵感，还跟父亲一段刻骨铭心的爱情有关。”潘奋表示，潘家与珠海，有着抹不掉的缘分。

20世纪30年代末，少年潘鹤在香港与阿咩萌发了爱情。香港沦陷后，阿咩一家避难澳门，潘鹤一家则回到广东佛山。潘鹤为了见阿咩一面，冒着极大的危险通过日军封锁线抵达澳门，两人的感情更加浓烈。可惜，后来由于种种因素，潘鹤和阿咩被迫断绝联系，一别竟是40余年。

1999年，潘鹤在珠海淇澳岛创作了9.9米高的雕塑《重逢》，寓意澳门1999年回归祖国。“但对父亲而言，也是他与初恋离别近半个世纪之后重逢的纪念。”潘奋揭秘称，“坊间传闻珠海渔女造型来源于珠海一女子，这是不对的。父亲婚后一直深爱着母亲，尽管珠海渔女的创意有着父亲初恋的影子，但渔女面容和外形的塑造模仿的却是我的母亲。”

在珠海，潘家父子还有着许多回忆。1986年，为珠海创作第一尊杨匏安烈士塑像；1996年，在平沙创作大型雕塑《雁落平沙》；2015年，为斗门创作城市雕塑《母亲河》……“既是珠海城市雕塑的创作者，也是珠海城市发展的见证者。”潘奋表示，历经40年发展，珠海一个个新地标崛起，城市文化内涵日益丰富，城市越发具有魅力。

白驹过隙，“珠海渔女之父”潘鹤在鲐背之年，已然记不得当年点滴。“这位女子是谁?”只要到艺术馆，坐在轮椅上的潘鹤就爱来到珠海渔女雕像前，听儿子述说渔女的创作故事。

多年来，潘奋一直义无反顾地延续着父亲的雕塑之路，对父亲的过往也越来越理解：“尽管他已忘却过往，但对艺术的执着和纯粹，相信会随着珠海渔女等城市雕塑，影响更多的人。”

（采写：卢展晴、李必聪）

24 “食华丰，路路通”家喻户晓

梁焕兰讲述华丰集团敢闯敢试的传奇故事

梁焕兰，1992年调到华丰集团，历任政工室政工师、部门经理、女工委办公室主任、集团总部党支部书记。

“以前这里是一厂、二厂，上面还有彩印厂、薄膜厂，高峰时整个华丰集团有6000多名员工，上下班时职工们穿着统一的厂服进出，场面非常壮观。”

近日，华丰集团退休职工梁焕兰带我们走进这个昔日赫赫有名的方便面制造企业，讲述了当年辉煌的传奇故事。

年近70岁的梁焕兰，曾在平沙镇从事法律事务工作，1992年调到华丰

梁焕兰（左二）当年在华丰集团牡丹江公司前留影

集团，先后担任政工室政工师、部门经理、女工委办公室主任、集团总部党支部书记、高级政工师等职务。

批发商背着现金排队提货

梁焕兰回忆，现在的平沙镇曾经叫平沙华侨农场，归属广东省农垦办。华丰方便面厂的前身是平沙华侨农场生活服务站下属的一间食品厂，当时生产腐竹、饼干、汽水和酒。梁焕兰说，1984年，广东省农垦办引入了一套日本原装方便面生产线，本来是提供给珠江农场的，但珠江农场不要。在那个物资匮乏的年代，只要能生产出产品，基本不愁销路。眼光敏锐的时任平沙华侨农场领导知道后，极力把这条方便面生产线争取到手，安排给当时的农场生活服务站。时任站长熊毅武就带领站里的员工开始生产方便面。

熊毅武很有品牌意识，给方便面取名“华丰”，并注册了商标，蕴涵“中华丰裕”之意。

“当时的特区，大都是‘三来一补’外贸加工企业，有自己品牌的企业不多。华丰的独创品牌之路，无疑极具创新意识和胆魄。”梁焕兰说，“为了让华丰品牌深入人心，华丰还征集了一句非常好意头的广告词‘食华丰，路路通’，并重金聘请香港明星沈殿霞做代言人，在各大电视台黄金时间插播。这些在当时都属于石破天惊的做法，需要打破条条框框、冲破落后的思想观念，顶着不小的压力才能做到。”

梁焕兰表示，短短几年时间，华丰品牌红遍全中国。到了20世纪80年代末，华丰的产能虽一再扩充，但生产的“三鲜伊面”仍供不应求，那时批发商来订货，必须先交钱，晚上在工厂门外排队等，有的甚至用旅行袋带着一大包现金来提货。“要不然，刚下线的方便面转眼就被其他供应商拿走了。”

东南西北中，处处有华丰

“华丰产品之所以深受市场欢迎，真材实料并注重质量和口感是根本原因。”梁焕兰说，“华丰经营的拳头产品是‘三鲜伊面’，原材料都是原汁原味，是用猪骨、海鲜和鸡肉熬出来提炼的，不仅口感很好，而且很有营养，消费者吃过后感觉很好，所以才会一直购买。”

经过几年打拼，华丰集团发展成为当时全国最大的伊面生产基地。1988年，华丰集团开始对外扩张，首先在辽宁阜新独资开办了占地3万平方米的两间伊面厂，并设立分公司；到了1992年，华丰集团已拥有14条生产线，同时，又在黑龙江肇东独资办厂，把产品打入独联体和东欧市场；还相继在陕西宝鸡、山东济宁、河南驻马店及河北唐山等地独资办厂，建立分公司，并在广州、北京、上海、沈阳和哈尔滨等地设立办事机构，实施了‘东南西北中，处处有华丰’的发展策略，“食华丰，路路通”的广告语在当时家喻户晓。

到了1994年，经过10年的奋斗，华丰由一个只有432万元资产的副食品加工小厂，发展成为拥有6.2亿元资产、6000多名员工、8个跨省公司、15个伊面生产厂、60条生产线，年产20亿包伊面、速食河粉，兼有塑料彩印、纸箱包装、房地产开发、饮食服务等多种产业结构的跨地区、跨行业、跨国界的集团式大型企业，成为全国最大的速食面生产基地。从1986年起，华丰集团的生产量和销售量一直雄踞全国同行业榜首。

1989年，华丰集团产值首破1亿元，创利税超1000万元；1992年，华丰集团销售总额4.2亿元，创税利6000多万元，产销量都占全国速食面行业的2/5。1993年，华丰集团销售额6.3亿元，创利税1.2亿元。华丰集团还先后获得广东省食品名、优、特、新产品“龙杯奖”，首届中国食品博览会金奖。华丰集团总经理熊毅武被誉为中国“伊面大王”。

创新分配机制激发员工积极性

“打破当时国企吃大锅饭的弊端，员工按绩效考核分配薪酬，大大激发了员工的工作积极性，这也是华丰在短短几年里迅猛发展的关键原因之一。”梁焕兰说，“华丰的普通工人，每个月工资有2000多元，加上奖金，一年能有3万多元。要知道当时1斤猪肉也就1元多，50元足够你用一个星期。”

“当时，县委书记的月工资才五六百元，华丰普通员工的月工资是县委书记的四五倍，而且还有季度奖、年终奖。公司还经常组织员工外出旅游。”梁焕兰说，“所以华丰员工很有面子，走在大街上都是昂首挺胸的。而且公司十分注重对员工的培养，经常邀请一些大学的教授来公司讲课，还分批组织员工外出参加培训学习，所以公司员工素质普遍较高。”

1990年，公司出资大半，员工只需每人缴纳2万多元，建造华丰园小区，解决职工住房问题。小区包括34栋住宅楼，每户约80平方米。

除了建职工小区，华丰还十分注重履行企业社会责任，大力开展公益事业，捐资兴建了华丰小学和华丰幼儿园。

“当时捐资兴建华丰幼儿园的具体事务由我负责，包括核定金额、方案设计、建设质量和进度监督等，我都有参与。”梁焕兰说，“现在，每当带着孙子经过这个幼儿园时，我都会自豪地告诉他这段历史。”华丰幼儿园按高标准建设，建成后成为当时全市设施条件最好的幼儿园之一，平沙群众对此纷纷竖起大拇指称赞，认为这是一件功德无量、造福后代的大好事。

梁焕兰认为，华丰之所以能在几年间从一个副食加工小厂发展成为一个资产超过6亿元、利税超亿元的集团企业，正是因为很好地兼顾了国家利益、集体利益、社会利益和个人利益，这一点对于今天的国企改革依然有借鉴意义。

（采写：康振华）

25 高栏连岛大堤是怎样建成的

西区“拓荒牛”杜国志讲述特区故事

杜国志，时任高栏港建港一线总指挥。

如今，走进高栏港，只见巨轮如梭，塔吊林立，码放整齐的集装箱一眼望不到边……好一幅海河互通、货如轮转、因海而兴的喜人景象。可谁能想到，30年前，这里还是一片茫茫大海。提起这些变化，杜国志是个绕不过去的人物。

杜国志人生中最美好的年华，几乎都投身在西区的建设之中，堪称西区“拓荒牛”。回忆起高栏连岛大堤的建设过程，那“号角阵阵马蹄急”的艰辛历程，那“海螺声声催梦飞”的光荣岁月，依然令他激动不已。

以港立市发展大工业

杜国志说：“1988年，市委、市政府提出‘以大港口带来大工业，以大工业带来大经济，以大经济带来大繁荣’的战略构想。经过一番艰难的探寻和论证，最终将大港口选址在珠海市西南端的高栏岛。”

高栏连岛大堤

高栏连岛大堤

“那时从珠海主城区到西区没有道路，更没有承接港口的铁路。”杜国志说，“一切从零开始，但是这些都没有难倒珠海人，建设特区就是要做前无古人的开拓性事业。”

当时，从主城区到南水镇，需要3～4个小时车程，从南水镇到高栏岛，还需要再坐2个多小时的轮渡。

杜国志记得，1988年他担任南水镇党委书记时，有一次市领导班子一大早乘车从中山坦洲、神湾到斗门，再乘船到南水。“领着考察队伍历经周折到达高栏岛的铁炉村，给我们送上柴米油盐和锅碗瓢盆。”

要建设港口就得先建设港池，就必须把高栏岛与南水连通，为建设港口做准备。在“以港立市”的宏伟蓝图中，修建连接南水与高栏的连岛大堤，打通高栏的陆地交通，显得尤为重要。

1990年春节刚过，建设工程队开始对高栏连岛大堤填海造地。由于不清楚海水的水流、淤泥等情况，前期填的近20万立方米沙泥都被海水吞没光。

临危受命，攻坚克难

一个月后，时任三灶管理区党委副书记的杜国志临危受命，被任命为高栏连岛大堤建设工程总指挥。

当时不少人对杜国志表示怀疑，认为他没什么经验，恐怕难当大任。杜国志说，其实，当时区党委看中我有水利工程经验，1985年我在三灶搞围海造地，建设了三灶岛连通陆地的唯一大堤。

很快，杜国志带着4名干部进驻工地。

上任后，他面临的第一个困难是没钱。“全国银根收紧，区里、市里没资金。”

面对如此窘境，怎么办？

“当时全国大规模开工项目少，众多工程单位找项目，我们把握机会，邀请全国各地的施工单位来参与建设。”杜国志介绍，“不到一个月的时间，项目就汇集了国内20多个省市的50多家施工单位，共4000多人的建设大军，且达成协议，建设资金由施工单位先垫付。”

这个措施为大堤建设争取到了宝贵的资金，因此建设正式拉开序幕。

杜国志说：“400多辆重型车不分昼夜地向海里填堆泥土，每天至少填1万立方米，但连续奋战5个月，工程进度却不足500米。”原来，施工段海底的淤泥层较厚，容易产生滑坡，往往白天堆的泥，第二天早上醒来一看，全被海水吞没了。巨大的压力让杜国志夜不能寐，他说：“5个月才前进500米，照这个进度，6000米大堤要5年才能填完，港口建设遥遥无期。”杜国志想到过去的经验，又请出施工队中有经验的施工人员一起不断研究、做试验，最终创新性地研究出了一个既切合本地实际又能速战速决的方案。“先在堤两边抛坚石护堤，然后用皮带船往堤线中间吹填泥沙，接着在陆上用弱风化土推填。”

采用此法后，工程进度明显加快，一个月就能向前延伸1000多米，杜国志终于松了一口气。

工程进度加快了，但安全问题也丝毫不能大意。杜国志说：“4000多人的建设大军、400多辆泥头车和100多条运沙船日夜兼程向大海要路，这么多机械和人在海上填出的30米宽的路面上作业，稍有不慎，就有可能发生撞车、落海等安全事故。”

杜国志的家就在距离工地8公里外的南水镇，但是他从不敢回家。“每天早上6点起床后随便洗漱就来到工地，一直要到晚上11点才能休息。由于严格管理，整个工程没有出现大的安全事故。”杜国志说，“由于压力太大，经常晚上睡不着，我就练书法，以此放松紧张的神经，头脑冷静下来就容易找到解决问题的办法。”

“另外，工程指挥部和施工队伍的生活条件也很艰难。”杜国志说，“庞大的队伍就驻扎在没有水、没有电的工地上，自己打井取水、用火力发电，晚上就睡在用树皮搭起的工棚里，每天爆破开山的灰土在床上堆得足有一节拇指高。”

由于卫生条件差，当时施工队发生了疟疾。后来，市卫生部门的同志专门驻点治疗，解决了这个问题。

1991年4月8日，在经过10个月的努力之后，横跨南北的高栏连岛大堤终于顺利合龙，建设者激动得热泪盈眶，拥抱欢呼。高栏岛、荷包岛渔民自发开船在大堤两岸燃放鞭炮庆祝。

亿吨大港梦圆高栏

“连岛大堤的顺利合龙，让高栏岛与陆地相连，也为港口建设铺平了道路。”杜国志说，“我市以港立市的战略决策有了坚实的基础。紧接着，上级又让我负责建设两个2万吨级码头。”后来，5万吨级、10万吨级码头依次动工建设，电厂、重化产业园等重大项目也先后动工建设。

两年后，珠海市组建铁路公司，杜国志再次扮演“拓荒牛”的角色，赴任珠海市铁路公司董事长、总经理，后任广珠铁路公司董事长、总经理，珠光集团董事。“1999年，我又担负起配合伶仃洋大桥建设保护淇澳岛生态环境的重任，接任淇澳管理区区长，后任淇澳管理区党委书记。”杜国志说，“我在淇澳工作的那段时间，区党委带领全区人民种植红树林1万多亩。”

2013年底，珠海港货物吞吐量首次突破1亿吨，正式迈入亿吨大港行列。珠海人多年的南方亿吨大港梦想成为现实。

如今，珠海港已成为全球投资与规模增速最快的集装箱港口之一。珠海全港拥有160个生产性泊位，万吨级以上29个（其中高栏港28个），设计年通过能力1.66亿吨（其中高栏港设计年通过能力1.51亿吨），集装箱吞吐量268万标箱。2019年，总投资约40亿元的高栏港集装箱码头二期项目基本完工，部分泊位投入试运营，珠海港集装箱码头深水岸线大幅增长至约4000米。高栏港区也成为珠海市实体经济发展的重要引擎和主战场。

“几十年一路走来，我参与、见证了珠海从小渔村到珠江口西岸核心城市的伟大变迁。”杜国志说，“特区建立40周年，书写了一个个历史奇迹。我祝愿伟大祖国繁荣富强，祝愿特区再创辉煌!”

（采写：康振华）

26 咬定青山不放松　生态文明走在前

寻常讲述珠海经济特区生态文明建设的成就

寻常，珠海市环保局干部，曾获得环境保护部颁发的“从事环保工作三十年纪念章”。

2020年7月，一条喜讯刷爆珠海人的朋友圈：据生态环境部通报，6月，在全国168个重点城市中，环境空气质量珠海排名第一，珠海首次连续两个月空气质量蝉联全国第一。

“珠海的环保工作一直走在全省乃至全国的前列，给我们留下了青山绿水、碧海蓝天。”7月22日，曾获得环境保护部颁发的“从事环保工作三十年纪念章”的寻常女士在接受记者采访时说，作为珠海经济特区生态文明建设的参与者、见证者，她为此感到自豪。

2017年，珠海市环保与生态协会在淇澳岛红树林保护区举行第一届红树林义务植树活动

初到特区，见证珠海环保政策的“严”

“1992年我调来当时的红旗管理区，正赶上珠海实施西部大开发战略，到处都是建设工地。我在管理区工业办担任环保专干，主要做一些环保政策宣传的工作。”寻常说。她此前在湖南省湘潭市环境保护局工作了12年，初到特区时感觉珠海西部地区的环保机构与人员配备不足，甚至还赶不上她原先工作的老工业城市。

“但是，珠海的环保政策一直很严，在1992年就出台了‘八不准’规定，为珠海守住了海岸线，留住了青山绿水。”寻常说。

20世纪八九十年代，当有些地方走上“村村点火、户户冒烟”的传统工业化道路时，珠海独辟蹊径，确定了生态立市、环境优先的发展战略，于1992年率先出台了关于保护环境的“八不准”规定。其中，对工业污染的控制是“八不准”中非常重要的一条，市区不准兴办电镀、造纸、制革、石油化工等高污染项目，以形成居住与工业分离的城市格局。

“珠海当年因为环保门槛高，将重污染项目拒之门外，经济发展受到一些影响，但我们也收获了很多荣誉。”寻常说，“随着珠海西部地区工业的发展，环保机构和人员配备也逐步健全。”

“1993年，红旗管理区在市建设局下设了单独的环保办，我做了环保办的副主任。”寻常说。同一年，珠海市环保局成立了西区分局，管辖红旗、三灶、平沙3个管理区的环保事项。1994年，她调入该分局负责办公室、监督股等工作。1996—2000年，她参与了国家、省和市开展的“一控双达标”“国家环境保护模范城市”创建等重点工作。

20世纪90年代，珠海获得的环境保护相关荣誉接踵而至：1992年，珠海获评全国首批国家园林城市；1995年，珠海获评全国城市环境综合整治优秀城市；1997年，珠海获评首批“国家环境保护模范城市”；1998年，珠海获得联合国颁发的国际“改善居住环境最佳范例奖”。

长期坚守，感受珠海生态文明的“新”

2005年之后，寻常先后担任珠海市环保局自然保护科、项目审批科副科长，污染控制科、总量减排科主任科员，直至2014年11月23日退休。这一时期，珠海在生态文明制度体系、管理机制建设和氛围营造等方面不断创新，不断突破。

“后来，环保执法体系也独立出来，由市环保局派出执法监察大队到各区独立执法，方便其更好地履职。”寻常说。让她记忆深刻的是，当年糖厂排放的废水、废气、废渣等污染严重，但由于是支柱产业又不能立即关停，处理起来十分棘手；环保执法体系独立后，倒逼着污染企业转型升级，西区几大糖厂的污染也逐渐成为历史。

近年来，珠海坚持绿色发展理念，不断推动珠海生态文明建设取得新成效，迈向新高度。2011年，珠海获评全国首批杰出绿色生态城市和中国最具幸福感城市；2014年获中国最具幸福感城市；2016年获评首届中国生态文明奖——先进集体，并获评“国家森林城市”称号和“国家生态市（区）”；2017年，珠海被环境保护部授予第一批“国家生态文明建设示范市”称号，刷新了珠海生态文明建设的新高度，标志着珠海生态文明建设在广东省乃至全国处于领先地位。

退休之后，寻常被珠海市环保与生态协会返聘，担任秘书长职务，成为一名环保志愿者，坚持参与环保公益活动，继续为珠海市的生态环保事业做贡献。

“前段时间，我去平沙糖厂，发现那里变成了文化创意产业园，旧的糖厂仓库被改造成了高大上的摄影棚，真的很震撼。”寻常感叹道。看到昔日因糖厂污染而黑臭不堪的平塘河如今清澈见底、鱼儿漫游，她感到十分欣慰。

（采写：郑振华）

27 赴美发债 开创五个“中国第一”

刘科讲述珠光集团探索特区金融创新，开创海外融资先河

刘科，历任珠光集团控股有限公司（简称“珠光集团”）党委副书记、纪委书记、董事、工会主席。

“20世纪90年代是珠光集团最辉煌的时候。凭借在港澳市场创造的收益、赢得的声誉，珠光集团受政府委托在境外进行多项融资，支持珠海经济发展。我个人参与的就有：在香港借了一笔4亿港元的贷款，用于珠海机场建设；贷款1亿美元，支持广珠铁路建设；以‘珠海大道’项目的名义在美国发债2亿美元；‘珠光发展’在香港成功上市……”退休不久的刘科回忆往事，记忆犹新，“可以说，珠海早期的城市基础建设和大型项目，包括机场、航展馆、港口、道路、桥梁、电厂等，基本上都有珠光集团投资的身影。”

刘科曾任珠光集团党委副书记、纪委书记、董事、工会主席。1991年，他从市体改委调进珠光集团，服务珠光集团28年；2019年10月，从珠光集团退休。他见证了珠光集团探索投融资创新、支持特区经济建设的高光时刻，曾担任珠光集团债务重组期间的新闻发言人，感受了珠光集团凤凰涅槃、浴火重生的艰难历程，也目睹了珠光集团重振转型，助推珠澳深度合作，积极参与大湾区建设。

赴美发债，开创五个“中国第一”

亲身参与海外融资的经历中，令刘科印象最深的就是“1996年珠光集团以‘珠海大道’项目的名义在美国发行2亿美元债券，开创了中国在海

外发行无担保债券的历史”。

“当时，珠海正积极推进一大批基础设施项目，包括珠海机场、珠海大道、广珠铁路、珠海电厂、首届珠海航展等，可恰逢国家宏观调控、银根收紧，项目资金紧张。为解决资金难题，珠光集团受市政府委托到美国发行2亿美元的‘珠海大道’项目债券。”刘科解释道，“之所以选中‘珠海大道’作为发债项目，是因为珠光集团参与了这个项目的投资，而且当年有路桥收费这样的资金来源作为偿还能力的保障。”

“我们通过摩根士丹利投资银行策划、推进发债流程，我作为珠光集团的代表直接参与了在美国发债券的全部路演。”刘科回忆说，“前后大概有半个月，我们从纽约华尔街到华盛顿，再到美国内陆十几个城市，每天飞一个城市，向投资者推荐我们的债券。”说到当年游说投资者的困难，刘科说：“我们在路演中很是费了一番唇舌，因为美国的投资者对中国，特别是对中国各地的企业根本不了解，甚至对珠海在哪里都没什么概念。我们带着地图路演，直接指着地图告诉投资者珠海在哪里，珠海大道是从哪里到哪里。我们要反反复复解释特区是怎么样的，珠海经济特区、珠光集团是什么情况。好在他们对香港相当了解，我就对他们说，珠海与香港隔海相望，坐船往来只要一个小时，这让他们直接了解了珠海的地理概况。当然，投资者关心的是债券项目的结构、还债机制、资金来源保障等。我们事前都做足了功夫，尽可能向他们提供满意的答复。”

1996年8月，珠光集团以“珠海大道”项目的名义在美国成功发行了2亿美元债券，当时债券超额认购近3倍，引起了国际投资界的轰动。时任摩根士丹利亚洲投资有限公司副总裁张颂义高度评价道：“该项目开创了五项记录，即：收益债券但无政府担保，既有投资级又有非投资级，项目债券年期达到12年，项目债券投资级BBB，地方项目债券经国家主管部门批准。”这对当年国内经济界影响重大，也得到了国外资本市场的普遍认可。

“我们发债的案例后来还被收录进国外一些高校的教科书。”刘科自豪地表示，“更重要的是，发债成功为珠海经济特区基础投资项目提供了可靠的长期资金，尤其是解决了当年首届中国航展资金的燃眉之急，受到市领导的表扬。”他至今仍记忆犹新的是：“从美国路演结束回到中国香港，踏出机场的时候，前来接机的公司领导、同事还特意给我送来一大束鲜花，以示祝贺。这让我颇感意外和惊喜。”

香港上市，破冰资本市场意义重大

“除在美国发债开创先河外，珠光集团在中国香港上市也是当时的一大创举。”刘科介绍说。20世纪90年代，开始出现内地大型企业赴港上市的案例，俗称“红筹股”，珠海经济特区作为改革开放的前沿阵地尚没有先例。综合多方考量，珠光集团积极筹划赴港上市融资。在重组策划上市时，正值1997年亚洲金融风暴，因此境外上市推进工作困难重重。珠光集团审时度势，果断决策，再一次展示了“第一个吃螃蟹”的勇气和决心——进行特区企业赴港上市的大胆尝试。

“1998年5月，珠光集团把旗下核心资产珠海度假村酒店、圆明新园等注入‘珠光发展’公司，在香港联交所成功上市，成为珠海市在香港上市的第一只红筹股。”刘科表示，“在香港上市一个很大的困难是香港与内地法律体系有差异及两地监管机构的审批程序比较复杂，我们完全按照证监会的要求报批，依照程序，做足功夫，一步都没有偏差，最后上市可以说是水到渠成。”

刘科认为，虽然“珠光发展”上市募得资金1.42亿港元，规模不大，但却是在亚洲金融风暴发生之后，珠海企业成功登陆香港联交所的首只红筹股，是对资本市场破冰的重大创新之举，加快了珠海企业“走出去”与国际资本市场接轨的步伐。同时，通过上市实践锻炼了一批专业人才，意义重大。“在香港我们终于有一家可以代表珠海的上市公司了，珠海在香港联交所也占据了一个席位。”他说。

回顾珠光集团对外融资历程，刘科说：“1980年珠光集团在澳门创立，与珠海经济特区同龄。作为珠海市在港澳设立的唯一‘窗口公司’，珠光集团人大胆创新，奋力拼搏，业务和资产实力不断壮大，尤其是通过承建澳门新口岸、澳门机场跑道、南湾湖等填海造地工程，奠定了在港澳的市场地位和影响力，在自身业务发展壮大的同时，珠光集团自觉肩负起为珠海经济特区初创阶段经济建设对外融资的特殊使命。”

据了解，20世纪90年代，珠海市的地区生产总值规模较小，珠光集团的总资产在高峰时有150多亿元。“珠光集团是在市委、市政府的委托下，发扬敢闯敢干、敢为人先的改革精神，运用多种创新投融资工具在境外融资，为珠海经济特区的经济建设提供了资金支持。”刘科特别强调，“据不完全统计，珠光集团在20世纪90年代为珠海经济特区基础设施投资项目融资数十亿港元，是珠海经济特区建立后前10年间投融资最大的国有企业，为特区建设无私奉献、不遗余力，毫不夸张地说，珠海发展、珠光相随，珠光人在珠海发展史上写下了浓墨重彩的一笔。”

浴火重生，秉承改革精神谱写时代新篇

受亚洲金融风暴影响，境内外融资环境巨变，珠光集团也难以幸免地受到冲击，加上多年来累积的中长期投资项目投资回报滞后等原因，从2001年开始，珠光集团被迫进入了债务重组阶段，历时近9年，其间一度濒临破产。历经多轮艰难谈判，2009年珠光集团终于完成境外债务重组。其间的酸甜苦辣，时任珠光集团新闻发言人的刘科也是一言难尽。

好在经受了种种磨难的珠光集团如凤凰涅槃终于走出了低谷，近年来围绕商贸、现代服务、综合开发三大优势业务大力拓展，奠定了较好的发展基础。刘科介绍道，在粤港澳大湾区建设的大好形势下，珠光集团实施十三五“重振珠光”战略，主动从“窗口企业”向“经济平台”转型，提早谋划、率先布局，与粤澳两地有关政府部门、院校、机构共建运营珠澳经贸合作平台、澳门特色金融服务基地、粤港澳大湾区旅游教育合作中心、澳珠金融人才培训合作中心、内地与澳门人力资源合作培训中心，承建澳门重点市政工程——九澳隧道，参与跨境重大民生工程——澳门挡潮闸项目建设，从商贸、金融、人才等多方位提供支持，服务珠澳深化合作，助力澳珠重要一极加快建设。

“现在我已经退休，经过2015‘谋篇’、2016‘开局’、2017‘重振’、2018‘提速’、2019‘再出发’，珠光集团也已经重新走上健康发展的快车

道。希望珠光能抓住历史机遇，深入推动珠海‘二次创业’加快发展，继续发扬敢为人先的特区精神，为珠海奋力打造粤港澳大湾区重要门户枢纽、珠江口西岸核心城市和沿海经济带高质量发展典范探索新路子、创造新经验。”刘科憧憬着，不久的将来珠光集团将重现昔日荣光，在助力珠澳两地经济社会发展中发挥更加重要的作用。

（采写：宋显晖）

28 “做这座城市最忠实的记录者”

曾平标边写书边见证珠海经济特区的蜕变

曾平标，珠海著名作家，现任中国作家协会会员，广东省作家协会报告文学创作委员会主任。

《再出发——30年：珠海从历史走向未来》《初心——粤港澳合作中的横琴故事》《中国桥——港珠澳大桥圆梦之路》……曾平标20余年笔耕不辍。

最可贵的是，他的作品永远都绕不开一个主角，那便是珠海。他说，每逢珠海的一个重大节点，他都会为珠海出一本书。

就这样，20余年500余万字，他一边写书，一边见证珠海经济特区的蜕变。

做这座城市最坚实的记录者——珠海本土作家曾平标

特区惜才，他选择了珠海

曾平标选择珠海，不全只因缘分。

“更多是被珠海的惜才和真诚打动。”曾平标回忆，20世纪90年代，人才“孔雀东南飞”，他从广西来到广东。因文字功底好，他比其他人有了更多选择的机会，曾在广东多个城市工作过。

珠海经济特区急需人才，也重视人才。对于往事，曾平标至今仍记忆犹新。1996年，珠海有关部门派人多次到广州向他抛出橄榄枝。

"最后一次把商调函都带上了，我便成了珠海人。"曾平标说。他第一次到珠海时，还没有高速公路，到达已是晚上8点多，当车开到珠海银坑，眼前便豁然开朗，香炉湾上一湾灯火和渔女雕像让他眼前一亮。

20余年坚持用笔记录珠海

"来了就是珠海人，很庆幸能见证她的成长。"来珠海那一年，曾平标33岁。

看着珠海城市的变迁、感受着珠海改革的勇气和决心，作为业余作家，曾平标的创作灵感被激发，一写就写了20余年。

在曾平标的笔下，每部作品都记录着珠海的城市规划更新、经济发展变革、人居环境优化……写下一本书、思考一本书、储备一本书，不急于求成。正是这样踏实、厚重的写作风格，让曾平标的作品内涵更丰富，寓意更深刻。

在珠海经济特区建立15周年时，曾平标出版了报告文学集《门神》，记录拱北口岸大事记；当珠海经济特区建立20周年时，他出版了报告文学集《决斗人生——走近珠海经济精英》，展现了董明珠等一批珠海本土企业家的创业风采。

珠海经济特区建立30周年时，曾平标出版了报告文学集《再出发——30年：珠海从历史走向未来》，呈现珠海经济特区的峥嵘岁月。

2020年是珠海经济特区建立40周年，横琴开发建设也步入了第二个十年，曾平标的文字聚焦着横琴。

在曾平标最初的记忆里，横琴岛蕉林绿野、农庄寥落，房屋的最高楼层只有8层，而现在已是山水环绕的自贸新城。整整11年，曾平标在横琴一路走访，一路采风，撰写出版了长篇报告文学《初心——粤港澳合作中的横琴故事》，讲述珠海助力澳门产业多元发展的故事。"之所以坚持下来，是因为对这座城市始终充满激情，充满爱意。"曾平标一脸自豪。

十年磨一剑是记录也是见证

在众多作品中，要数得意之作，非《中国桥——港珠澳大桥圆梦之路》

莫属。

2018年，该书正式出版，讲述了港珠澳大桥缘起、立项、论证、环评、施工的全过程。2019年，该书获得了中宣部第十五届精神文明建设“五个一工程”图书特别奖，意义非凡。

这部作品特殊，因它还是一份纪念。“1996年，我第一次来到珠海，至今仍记得那晚入住酒店打开电视机时，正在播放当年伶仃洋大桥的新闻，瞬间吸引了我的注意。”曾平标回忆，“那时候第一次有了一座桥可以连接珠海、香港的概念，后来一直记挂着这个工程。”

为了记录港珠澳大桥这一世纪工程，曾平标从2009年起便开始收集资料，从2012年开始陆续采访，到京粤港澳各地深入采访方案构想者、项目管理者、大桥建设者等关键人物，用5年多时间走访了130多人。

“我记得，当时收集到的背景资料、采访素材就装了整整一麻袋。”为收集一手资料，曾平标直接上岛跟建桥工人打成一片，收集了很多真实、温暖、有烟火气的素材。

十年磨一剑，洋洋洒洒的42万余字，全方位地讲述了港珠澳大桥的前世今生，曾平标也完成了记录并见证这一伟大工程的心愿。

今年，是曾平标来到珠海的第24年，他最大的心愿，依旧是继续记录，继续见证。

“和这座城市同呼吸、共命运，会对她有感念、有期许。20年来，我用手中的笔记录了珠海发展的历史变迁，如今，我依然渴望继续用笔去讴歌珠海发展的美好未来。”对于曾平标而言，珠海是自己追梦、筑梦、圆梦的地方。

（采写：张映竹、卢展晴）

29 靠一艘木船营运环岛游起家

陈植球讲述珠海高速客轮有限公司发展故事

陈植球，时任珠海高速客轮有限公司助理总经理。

“珠海高速客轮有限公司从一艘船起家，到今天拥有20艘高速客船；从原来单一的环岛游发展到现在拥有7条航线、每日130个航班，年客运量逾430万人次。这些成绩来之不易，饱含了公司历届领导和全体员工的努力和付出。”珠海高速客轮有限公司助理总经理陈植球在采访中向记者说起公司发展的历程和故事，言语间充满自豪。

创建初期：通过一艘木船起家

59岁的陈植球是珠海高速客轮有限公司的一名资深员工，现担任助理总经理一职。1984年，陈植球从部队退伍后加入刚刚成立的珠海高速客轮有限公司，这一干就是36年。他说：“公司创建初期条件简陋、比较艰苦，可以说我们是通过一艘木船起家的。”陈植球说，当时公司员工仅30余人，开展的业务只有澳门环岛游。当时他在船上工作，担任轮机长，负责保障船舶安全和正常运营。“当时公司的维修技术力量不足，我和同事经常在晚上加班加点检修船舶、处理故障，以保障船只第二天能正常运营。”

“我们最早用4.3万元购买了一艘木船来做环岛游，后来才购买了一艘二手玻璃钢船‘海鸥号’投入运营。”陈植球介绍说，“1984—1996年珠海高速客轮有限公司运营澳门环岛游，当时只有白天的航班。那时很多人都想去澳门旅游观光，我们的环岛游很火爆。记得当时每天有5个班次，每趟可容纳200多人，经常会爆满。”

在陈植球的印象中，珠澳两地海岸线景观的变化是从最初的澳门独领风骚到珠海、澳门交相辉映。“改革开放之初，珠海与澳门两地海岸线的景观差别很大，澳门一边高楼林立，极具现代化都市魅力，而珠海因发展较晚，从海上看九洲港至拱北沿线比较老旧落后，尤其是在晚上，道路和景观都比较暗淡。”陈植球说，“如今，珠海市发展迅猛，从海上看九洲湾、拱北湾的景观有翻天覆地的变化，多座标志性建筑临海而建，现代化滨海城市气息扑面而来，现在的珠澳夜景更加漂亮迷人。”

自2018年12月7日起，珠海高速客轮有限公司积极应对发展形势、市场变化，开通“海上看珠海”旅游航线。陈植球表示，公司将结合珠海优质的滨水岸线旅游资源，进一步深度挖掘港珠澳大桥旅游资源，努力把“海上看珠海”旅游航线打造成为富有“大桥文化”内涵的旅游精品项目和城市新品牌。

高速发展：九洲港到香港客流从40万人次/年增至逾200万人次/年

筚路蓝缕，经过几年的发展，珠海高速客轮有限公司迎来高速发展期：1986年5月，从日本购进“海翔一号”，于当年7月18日首航九洲港至蛇口航线；1992年6月，新造船“海珠”轮投入香港航线试航；1992年9月，接管经营香港航线，开通九洲港至香港中港城航线……

值得一提的是1992年，珠海高速客轮有限公司接管经营九洲港至香港航线，为企业加快发展增添了新动能。此时的陈植球已“离船登岸”转入业务部门工作，从事管理岗位，负责公司业务扩展、开辟新的航线、营运生产、船舶调度等工作。

“九洲港至香港航线意义重大，它搭起了珠海与香港联系的桥梁，为珠海的经济社会发展做出了贡献。”陈植球说，“接管经营香港航线后，公司在经营管理创新上下了大功夫，同时建造新船增强航线运力，为往来两地的游客、商务人士提供更为便捷的出行体验。”

随着社会经济不断发展，珠海与港澳地区合作日益密切，人员往来频繁，九洲港至香港航线的客流量变化是最好的佐证：从1992年的客流量40

万人次/年增至近年来最高峰值逾200万人次/年。

目前，珠海高速客轮有限公司在九洲港至香港航线投入了7艘船，均为高速豪华快船，航速达到每小时40海里。“以前九洲港到香港的航程要75分钟，现在只要60分钟，减少了10多分钟，这是不容易做到的。”陈植球自豪地说。

发展规划：走出一条强强联合的滨水旅游发展之路

成立36年，珠海高速客轮有限公司与珠海经济特区共成长。目前，珠海高速客轮有限公司每日约130个航班往返于珠海与香港、深圳及珠海万山各海岛之间，年客运量逾430万人次，是目前国内规模最大的高速客轮企业。截至2019年底，该公司总资产19.91亿元。

自2013年起，珠海高速客轮有限公司实施“蓝色海洋旅游”发展战略，依托自身在水上旅游业丰富的管理经验和积聚的品牌效应，主动“走出去、引进来”，立足本土，布局国内外，加速推动产业链向上下游延伸，走出一条强强联合的滨水旅游发展之路。

近年来，珠海高速客轮有限公司迈出快速扩张的步伐，与湖南省交通龙头企业——湖南龙骧集团合作投资开发的湘江水上旅游客运项目已正式营运；与中交建、港中旅两家知名央企合作的三亚水上旅游项目已于2017年1月正式启动营运；与珠海桂山镇政府合作的桂山岛美丽渔村建设项目精品民宿一期已启动营运……此外，珠海帆船驿站项目等多个合作项目也在加快推进中。

站在九洲客运港码头上，看着熟悉的场景，陈植球心潮澎湃、感触颇多：“我即将退休，但我会一直关注我们的企业，祝愿它在新的起点上走得更远、飞得更高，再创辉煌。”

（采写：莫海晖）

30 在孩子们心里种下梦想的种子

陈伟光讲述珠海公益事业的发展与变迁

陈伟光，珠海市妇女儿童福利会会长。

我们相约采访时，珠海市妇女儿童福利会（简称“福利会”）会长陈伟光和她的团队正马不停蹄地筹备2020年公益夏令营项目——在9月迎接近200名怒江学子，为他们提供良好的食宿条件、丰富的夏令营活动，搭建起怒江学子与珠海连接的桥梁。

陈伟光于1992年到珠海参加工作，2003年以来她先后在珠海创办了三家公司，并成为业内的佼佼者。一次全市女企业家海选让她走上了公益之

珠海公益事业的发展在孩子们心里种下梦想的种子

路，并见证了珠海公益事业的发展与变迁。从此，她冲在公益最前线，成为会员眼里的“铁娘子”，同时也成为困境儿童心中温情无限的“会长妈妈”。

见证珠海公益事业发展变迁

2013年10月，福利会面临换届选举。面对福利会基础薄弱、人手不足的情况，陈伟光从繁忙的创业道路上抽身，投入福利会的公益事业中，自此与珠海公益事业结缘。

3万元资金、1枚公章、1名专职人员，这就是陈伟光接任时的全部资产。找到最适合福利会的品牌项目，聚拢人才和善款，是她的首要工作。她关注到贫困幼儿的学前教育问题，便立即广泛、深入地调研受助群体的现状与需求。

2014年4月，福利会开始了“大手牵小手”小天使助学行动的名单报送、走访调查等前期工作。全市各个区、镇、村需要资助的学前儿童登记在册，分组每家每户入户调查。“当时，针对该项目在会员群里发起筹款，仅两小时就筹集了22.2万元，这令我备受鼓舞。”陈伟光回忆说。

挨家挨户走访690户、帮扶困境幼儿1057人次、总帮扶金额为203.36万元……经过多年努力，“大手牵小手”小天使助学项目交出了一份亮眼的成绩单。而在数百个受助家庭中，斗门彭氏兄弟的故事令陈伟光久久牵挂、难以忘怀。

彭氏兄弟在上小学时就先后患上进行性肌无力营养不良症，兄弟俩每天都被病魔折磨。当陈伟光走进他们家里，看到家徒四壁的情景时被深深触动，她说：“当时我深刻地感受到，会长的责任太大了！”

从那以后，陈伟光把所有的精力都投入福利会的公益事业中。几年时间里，她牵头组织了数十场爱心活动，每月固定捐赠4000元爱心款，帮兄弟俩经历了人生很多的“第一次”，还给兄弟俩的爸爸找了份工作，点燃了他们对生活的希望。2014年，彭家获评“广东百名最美家庭”，彭妈妈也获得“广东百名慈母”称号。

福利会也渐渐迈入快速发展的“黄金期”。在陈伟光的带领下，几年来福利会资金从3万元发展到1500万元，会员从10多名发展到100余名，品牌项目从0发展到10多个。他们走进全国5000余户受助家庭，举办1000余场活动，帮扶人群50万人次。

公益力量助力脱贫攻坚

2020年6月下旬，从云南怒江前往西藏林芝的川藏线，因为雨季的到来到处塌方，滚石不断。作为“决胜时刻——怒江林芝行”大型采访公益活动的发起人之一，陈伟光行走在她“一生中走过的最艰险的路”上，产生了严重过敏及高原反应。

在半个月的时间里，福利会联合珠海传媒集团和人民日报粤港澳大湾区融媒体工作室，在怒江和林芝开展了9场公益活动，将从各界汇集到的近百万元物资和珠海人民的温暖问候送到了当地的12所学校。

这次痛并快乐着的公益活动，让陈伟光深有感触：“我们不仅仅要解决学校老师和孩子们的当务之急，更重要的是，要在他们心里播撒阳光雨露，种下梦想的种子。”

这不是陈伟光第一次踏足怒江。自珠海对口帮扶怒江以来，她六进怒江，把公益的目标对准了高山峡谷里的孩子们，开展活动数十场，她被孩子们亲切地称为“会长妈妈”。除了云南怒江，近年来，福利会多次深入西藏林芝，四川甘孜、汶川、大凉山，以及广东高州、阳春、阳江、茂名、化州等地扶贫济困，助力决战决胜脱贫攻坚。

2017年夏天，福利会承办“四地儿童心手相牵共筑中国梦——跨越山海的相会”公益夏令营项目，邀请了50名怒江留守儿童走出大山，与港珠澳家庭结对。他们走进日月贝、走进企业、走进军营、走上港珠澳大桥，在海洋王国畅游，在大海上扬帆起航。从那以后，每年的夏令营、冬令营活动为贫困地区的学子与珠海架起了沟通的桥梁，“会长妈妈”成了陈伟光和许多孩子联系的爱称。

让珠海公益之声唱响湾区

粤港澳大湾区加快建设，港珠澳大桥建成通车……近年来，珠海喜事连连。“如何把公益活动和家国宏大主题相连接，这是我考虑最多的事情。”陈伟光表示。

创新形式，将珠海公益之声唱响湾区，这是福利会提出的良策。2019年3月5日，珠海建市40周年之际，陈伟光作为导演带领珠海和怒江500名青年，在日月贝用一场快闪为珠海庆生。2019年9月22日，庆祝新中国成立70周年之际，福利会特别策划让来自港珠澳三地的70名“大手牵小手”小天使助学行动受益儿童，在游轮上共同唱响《歌唱祖国》。2019年12月20日，澳门回归祖国20周年之际，陈伟光作为导演与央视联合举办“一路欢歌　扬帆起航”大型融媒体直播活动。这些活动通过中央广播电视总台、广东电视台、云南电视台、珠海传媒集团等的报道，在全国范围内产生了强烈反响，将珠海公益活动的影响力传播得更广更远。

在珠海从事慈善事业有哪些感受？陈伟光说：“珠海市妇女儿童福利会在筹募善款、扶危济困方面已积累了成功经验，成为珠海社会保障体系与社会救助工作的重要力量之一。当前，在时代潮流中我们应该抢抓机遇，创新探索，努力塑造大湾区时代的珠海慈善模式。”

“珠海是我的第二故乡，珠海给了我成长发展的机会，现在是我回报这个‘家’的时候！”她说。

（采写：佘映薇、杨丰赫）

31 在“新办公”赛道上纵深突进

贾凡创立蜜蜂科技打造平台生态型企业

贾凡，2015年毕业于北京师范大学-香港浸会大学联合国际学院（UIC），创立珠海市蜜蜂科技有限公司。

一座城市的竞争力，取决于创新；一座城市的创造力，取决于人才。40年来，珠海经济特区这片创新创业的沃土，不断吸引集聚志存高远、朝气蓬勃的创新创业人才，在此扬帆起航。

2015年，从北京师范大学-香港浸会大学联合国际学院（UIC）毕业不久的贾凡带领着一个90后团队从珠海起步，创立珠海市蜜蜂科技有限公司

蜜蜂科技打造平台生态型企业，在“新办公”赛道上纵深突进

（简称“蜜蜂科技”）。

经过近5年的发展，今天的蜜蜂科技已完成B3轮融资，估值近10亿元，在珠海及北京、上海、广州、深圳、杭州等城市拥有自营、联合运营以及企业定制空间数十个，在“新办公”赛道上纵深突进，锐意创新。

爱折腾，从公益达人到创业新秀

“我属于那种从小到大都爱折腾的人。”谈起大学期间的经历，贾凡笑着说。在UIC读书期间，他带领同学们共同开展公益项目，创立了全校最大社团“思成·筑梦”。“暑假期间，我们在21天里召集了2000多名志愿者，通过街头募捐筹集善款，为贵州省毕节市陈家寨的孩子们建起了一所希望小学。”

同样是在大学期间，贾凡开启了他的创业历程。“当时，学校附近的一家餐厅要转让，我和几个小伙伴看到了，便凑了些钱，开了一家麻辣香锅店，没想到短短几个月就赚回了投资。”直到现在，他们的餐厅还在发展壮大，已成了珠海有名的“网红打卡店”。

“但餐饮毕竟是传统行业，我们想做一个真正具有创新精神的公司。”2013年，贾凡第一次有机会去到美国谷歌总部，发现它的办公环境非常酷，整体的装潢非常高级、明亮，还设有健身房、餐厅等很多传统办公室没有的设施，完全打破了“陈旧格子间”的刻板印象。

“我就想，能不能也做一个这么酷的办公室，给自己和团队提供一个舒适自由的办公环境。但找遍了当时珠海的写字楼、创意园，都没有理想中的办公室，那我们干脆自己来做一个。”于是，贾凡试着向珠海南方软件园的负责人提出了自己的设想：能否利用软件园的空地、以集装箱模块化的方式做一个产业园区的配套设施，让它成为年轻人向往的新地标。

几个月后，36个集装箱和一部分钢结构框架组成了蜜蜂科技的试验田：1000多平方米的办公空间、300多平方米的园区餐饮配套、一个可供年轻人分享交流与娱乐的空中花园。第一个月，该办公空间就实现了满租，并迅速成为南方软件园的“香饽饽”。

蜜蜂科技的BEEPLUS模式就此起航。贾凡说："'BEE'是小蜜蜂，像极了勤劳的创业者与年轻人；'PLUS'意味着无数可能性，象征着在'互联网+'平台上不断加载的功能。"

新赛道开拓万亿级的蓝海市场

如今，走进位于横琴国际商务中心的"大横琴&BEEPLUS"联合办公空间，360度全透明的联排玻璃落地窗将珠澳两地的繁华城市风光尽收眼底；双层水吧、午休舱、小书吧、电话亭等人性化配套设施，不仅让办公室告别了千篇一律的"格子间"，更为日常工作增添了休闲放松的生活场景。

这是横琴新区引入的首个高端灵活办公空间项目，目前已有包括贸易服务、科技金融、信息咨询、互联网等13类行业近百家企业入驻，其中港澳企业占比达到30%。

与此同时，空间内不定期举办交流沙龙、分享会、企业路演等各类形式的社群活动，该空间已成为澳门学人发展协会、（中国）澳门韩国互动交流协会的学术交流基地。

2020年6月，蜜蜂科技为横琴新区打造的珠海首个人力资源服务产业园区正式投入使用；7月，蜜蜂科技与深圳知名地产开发集团瑞思集团成立"蜜蜂瑞思"合资公司，共同探索粤港澳大湾区产业园区开发。

从涵盖"商企空间、政务空间、产业空间、公共空间"的产业布局到"产品化、品牌化、酒店化、连锁化"的精细化理念，5年时间，蜜蜂科技不断打磨"新办公生态"的理想模式。

乘着粤港澳大湾区建设的东风，下一头惊艳世界的"独角兽"或许正在珠海这方热土上孕育。目前，它已经为铂涛集团、鸥翎投资、东方富海、元气森林、瑞思集团、开元集团、小马智行等众多知名品牌、高科技互联网企业、投资机构、地产及酒店集团、国有企业和地方政府打造了20多个定制空间项目，连续3年营收增长超过500%，还登上了"2020年度中国最受投资人关注创业公司TOP100""2020中国新经济准独角兽榜单

TOP200”。

“‘新办公’赛道所连接的，毫无疑问将是一片万亿级的蓝海市场。”贾凡说，“蜜蜂科技要做的，就是通过‘新办公’，更好地化解市场痛点，为开拓这片广阔的蓝海市场提供更全面的解决方案，它能够跨越设计、建设、运营、服务、智慧办公和供应链，为城市、企业和个人带来‘以空间为载体’的创新工作、生活体验和价值增长。”

“我们的公司诞生在珠海，在这里深耕发展，也始终热爱这片创新创业的热土。”贾凡说。他的目标是将蜜蜂科技打造成一家平台生态型公司，用“新办公生态”链接起空间、人与企业，助力珠海创业创新蓬勃发展，同时成为大学生创业企业的引领和标杆。

（采写：钟夏、王昱媛）

32 珠海医卫事业“白手起家”

曾志为从医三十五载见证珠海卫生健康事业跨越式发展

曾志为，曾任珠海市人民医院党委副书记、副院长、纪委书记、主任医师。现已退休。

“曾医生人太好了，20多年来，我一直找他看病。”来自唐家湾的患者卓忠全，对坐在他面前的曾志为医生赞不绝口。

忙着问诊的曾志为是珠海市人民医院心内科专家。年过六旬的他，已在2020年6月退休。因放心不下“跟着他多年”的患者，每周有两天半的时间，他仍坚持在医院名医工作室出诊。

在珠海从医三十五载，忙碌已成习惯。让他最满足的是，在从医岁月里，见证着珠海卫生健康事业翻天覆地的变化。“30多年前，整个珠海只有一家医院。”回忆当年，曾志为兴致勃勃地述说起“白手起家”的往事。

曾志为见证珠海卫生健康事业跨越式发展

选择珠海希望更有作为

曾志为曾是广东连山大旭林场上山下乡的知青，1977年国家恢复高考，他考上了广东医学院。他学医，一方面是受作为妇产科医生的母亲影响。另一方面，在那个缺医少药的年代，他感受到了医生的重要性，希望能够为国家奉献力量。

1985年，珠海经济特区对医学人才需求很大，向各地招聘医生。曾志为当时在粤北已经当了三年的心内科医生，他希望来到珠海这片热土能有更多作为。

“还记得当年来珠海，要过好多个渡口，大巴车还需用船运才能到对岸，从粤西来一趟珠海，要6小时以上。”曾志为回忆道。

珠海建市初期，医疗条件十分薄弱。仅有珠海县人民医院、拱北卫生服务站、珠海县卫生防疫站、珠海县妇幼保健站以及县慢性病防治站等屈指可数的卫生服务机构。

1980年，珠海县人民医院升级为珠海市人民医院，扩建住院部，设内儿科、外科、妇产科、五官科、传染病科，病床110张，工作人员增至209人，而当时的主治医师仅有5名。

让曾志为印象深刻的是，刚来到珠海时，看到当时的珠海市人民医院，内心有些“小失落”。“没来之前以为很先进，到了之后发现当年珠海市人民医院作为全市唯一一家医院，规模只有县城医院大小。”曾志为说，“当时医院的房子多是两三层，仅有最高的住院大楼是7层，整个医院的床位也只有300多张。由于病房有限，当时也不能细分专科，都是‘综合大科’。”曾志为所在的内二科有50张床位，只有不到10名医生，心血管科医生只有4名，管着20张床位。

“以前的医疗水平是比较落后的，就说心内科，当时治疗主要靠传统的药物，检查工具是听诊器、心电图，心脏彩超直到20世纪90年代才有。”曾志为说。

从“白手起家”到“装备精良”

随着珠海经济特区的发展，珠海市医疗卫生事业也在蓬勃发展，各级各类医疗卫生服务机构逐步建立完善起来，珠海市人民医院的蜕变就是一个实例。

曾志为清楚地记得，20世纪90年代，珠海市人民医院逐步发展起来，到了2000年后，珠海市人民医院迎来快速发展阶段。

“2000年后的快速发展，正是因20世纪90年代的硬件建设和人才引进。”他介绍道，“自1993年起，珠海市政府加大对医院的投入，建起了5层高的外科楼，后来又建起了15层高的1号楼。随着不断加强硬件建设和加大人才引进力度，1995年，医院正式通过卫生部三级甲等综合医院评审。随即，在两年后挂牌暨南大学医学院第三附属医院。2010年，医院又建成北区17层高的11号楼、12号楼、13号楼，并形成北区、南区。整个医疗条件、人才培养、医疗水平都上了一个台阶。”

与此同时，医院的心内科也迎来快速发展阶段，心脏病先进诊疗仪器逐渐配备齐全。2002年，让许多心脏疾病患者“起死回生”的介入手术在市人民医院开始起步。“2016年以后，随着医院介入医学技术的快速发展，市人民医院已能全面开展冠脉介入、起搏电生理以及结构性心脏病等三大领域的介入手术，部分手术已达国内先进水平。”曾志为颇为自豪地表示，“2018年华南地区综合实力最强的介入诊疗平台之一——珠海市人民医院介入诊疗中心二期项目、珠海市精准医学诊疗中心正式投入使用，其中ArtisZeegoDSA-CT（滑轨CT+DSA）复合手术室为现阶段国际设计理念最为先进的介入手术室平台。”

过去，很多心脏介入手术，珠海人需要去广州才能做。现在，在珠海就能做了。“甚至，很多外地病人都来市人民医院做手术。”曾志为说。

医疗资源“流动”起来

最让曾志为感受到珠海卫生健康事业出现巨大变化的是“健康中国”概念的提出，以及珠海率先启动医联体建设等。

2014年，珠海市探索建设各种类型医联体，2017年为深化医疗改革，建立优质高效的医疗服务体系，市人民医院开创珠海专科联盟医联体建设模式。2019年7月，珠海被确定为城市医疗联合体建设试点城市。珠海在全省7个试点城市中率先启动城市医联体建设，12月5日，珠海市人民医院医疗集团正式挂牌成立。同时，珠海的三级医院全部参与医联体建设，公立基层机构全覆盖，大部分民营基层机构参与，成立了一批专科联盟。

创建于20世纪50年代的珠海市人民医院，目前已建设成为以市人民医院为主体，高栏港医院（南水镇卫生院）、横琴医院、海岛医院及其下属镇卫生院和村卫生服务中心、市人民医院富山医院、市级养老机构与医疗服务机构、市人民医院康复医院、市医疗卫生专业服务中心等为一体的珠海市人民医院医疗集团。

每周，市人民医院的专家都到横琴医院、高栏港医院等医疗机构看诊。“优质医疗资源下沉，现在老百姓在家门口就能享受到优质的医疗服务，非常便利。”曾志为感叹。

三十五载责任和幸福感同在

从医三十五载，曾志为已习惯忙碌。他曾是抗击非典的先锋，也是一位绝不负患者生命之托的医生。半夜里赶回医院抢救、白天为远道而来的病人加号看病都已是常事。作为心内科专家，8年来他坚持带头周日出诊，从未补休过。

尽管已退休，可他仍选择坚守。曾志为说：“经历过‘白手起家’，尽管从医责任大，可看着市民健康有托付、各项保障越来越完善，这就是一种幸福。”在他看来，药品零差价、医保的发展以及信息化时代的到来，都极大程度地缓解了老百姓看病难、看病贵等问题，大大提升了珠海人的幸福指数。

“从仅有一家医院到‘15分钟医疗卫生服务圈’，40年来，珠海的发展日新月异，卫生健康事业更是迎来跨越式发展。”曾志为感慨道，“能见证并亲历这些蜕变，一切辛劳都值得。”

（采写：王帆）

33 “这段经历我一辈子都忘不了”

林鸣讲述港珠澳大桥建设历程

林鸣，时任中国交建总工程师、港珠澳大桥岛隧工程项目总经理、总工程师，珠海市荣誉市民。

2005年，中国交建总工程师、港珠澳大桥岛隧工程项目总经理、总工程师林鸣开始参与港珠澳大桥前期工作，自2010年起带领团队建设港珠澳大桥。他主持建设的岛隧工程是港珠澳大桥建设难度最大的部分。这是我国建设的第一条外海沉管隧道，也是世界上规模很大的公路沉管隧道和唯一的深埋沉管隧道，设计施工均无成熟经验可以借鉴。2015年，英国《卫报》将港珠澳大桥称为“新世界七大奇迹”之一。

2018年10月24日，港珠澳大桥正式通车运营，这是连接香港、珠海与澳门，集桥、岛、隧为一体的超级工程。

从零出发，每一次都是第一次

当谈起建设港珠澳大桥岛隧工程的经历，林鸣坦言：“很难，每一节沉管安装都会有问题。天道酬勤，我们努力了、奋斗了，也取得了成绩。这段经历我一辈子都忘不了，我相信我的同事也忘不了。”

外海沉管隧道安装因其难度巨大而被誉为“走钢丝工程”，面对外国专家的“我为你们唱首祈祷歌”的嘲讽，林鸣带领团队自主攻关，启动了这项世界级顶尖难度的技术攻关。他说：“即使我们的起步是0，我们往前走一步就会变成1。”

随着工程的展开，诞生的还有一个代表世界工程顶级技术的《外海沉

林鸣接受《珠海特区报》记者采访

管隧道施工成套技术》方案，这个方案记录了项目进行的百余项试验研究和实战演练、自主研发的十几项国内首创且世界领先的专用设备和系统、获得的数百项专利，以及成功攻克的10余项外海沉管隧道安装世界级工程难题。

"岛隧工程建设很关键，刚开始我们没有操作经验，大家压力非常大，就像是新手开车上路。"林鸣说，"我们的项目文化是'每一次都是第一次'，不忘初心、慎终如始。这个理念慢慢变成了所有人的理念，融入大家的血液中。这样一个团队，任何困难都可以克服。"

"艺高人胆大"是建设者精益求精的底气

港珠澳大桥自筹建之初就受到国内外广泛关注，在港珠澳大桥岛隧工程项目建设中，第15节和第33节沉管安装过程中发生的故事更是被各大媒体争相报道。

第15节沉管的安装用了半年多的时间，先后遇到突淤、边坡坍塌等问题。"为了保证安装顺利完成，政府、企业、项目团队通力合作，7家企业停止挖沙作业。我们所建设的，从来不是单纯意义上的商业项目，而是大国的经济宏图。"林鸣说。

2015年3月24日，第15节沉管安装工作第三次展开，最终顺利完成安装，港珠澳大桥岛隧工程项目团队用漫天的烟花庆祝这来之不易的成果。

第15节沉管安装完成之后，已经到了当年3月下旬，当时林鸣团队设定的任务是那一年要完成9节沉管安装。时间已经很紧迫了，怎么办？林鸣用了几个词来回答：埋头苦干，全力以赴，一鼓作气。

最终，林鸣团队超标准完成任务。"那一年，我们成功安装了10节沉管，超额完成任务，这是安装开始以来没有过的速度，我们把这叫作'中国速度'。"

在最后一节沉管安装完成后，团队中再次出现了分歧。

“当时，最终接头出现16厘米的偏差，这已经是很不错的结果了，大家都很开心。我们开了7个小时的会，大部分人反对重新安装。我属于‘少数派’，我要给港珠澳大桥岛隧工程一个完美的结尾，这是做工程师的天性。有一个词叫作‘工匠精神’，我们也在践行这种精神。”林鸣说。

经过42个小时的重新精调，最后一节沉管的偏差从16厘米降到了不到2.5毫米。

在成功重新安装的背后，是港珠澳大桥建设者对自身技术的自信。“在海底，把做好的接头拆下来的事情没有人做过，要承担很大的风险。但是，我们花了5年时间研究沉管安装接头，确保接头‘安得上去、卸得下来’，既然有这个能力为什么不做到最好？真的可以说是‘艺高人胆大’。”林鸣说，“2.5毫米的偏差，也是创造了我人生的一个重要纪录，为整个工程画上了圆满的句号。”

和人生赛跑，为实现伟大中国梦贡献力量

为了缓解高强度工作带来的压力，林鸣每天早上坚持跑10公里，建设港珠澳大桥期间跑了1万多公里，这个习惯一直保持到了现在。

“跑步能够让内心得到平静，这是我解压的主要方式。我会问自己：如果每天的跑步都不能坚持下来，那么为国家建设世界级工程项目你能坚持下来吗？我每天都在和时间赛跑，和自己的人生赛跑，我知道自己的工作终有时限。”林鸣说。

但即使身体再硬朗、内心再坚强，高强度的工作也让林鸣的身体发出了抗议。2013年底，林鸣病倒了。

“我洗脸的时候感觉鼻子流血了，就拿了纸巾擦，但是发现不行，血止不住。我马上给同事打电话，他们立刻把我送进医院。”林鸣说。

林鸣以为的“小问题”其实是因过度劳累而引发的鼻腔大量喷血。为了止血，林鸣在4天内接受了2次全麻手术。

“第二次手术之后，我告诉自己‘不能睡、不能咳嗽、呼吸要缓’，因为我知道如果再出血，问题就严重了。”林鸣说。

当时，港珠澳大桥岛隧工程项目正处于筹备第8节沉管安装的关键时期。在手术后的第7天，还未痊愈的林鸣便披着毛毯坚决离开医院，换上工作服后赶到建设工地。之后近30个小时，第8节沉管安装成功，连续昼夜施工过程中，他始终在安装船上指挥、决策。

港珠澳大桥建成后，林鸣也到了退休的年龄。回顾自己30余年的工程建造历程，他告诉记者：“所有伟大的事情都是从平凡的、看似简单的事情做起，这样梦想才可能实现。如果每个行业都能实现一两个世界尖端梦，那么就能更好地实现伟大中国梦。”

“我在珠海生活十年了，早就已经是珠海人”

2019年对于林鸣来说是很圆满的一年，这一年他获得了第七届全国道德模范提名奖和第十届“珠海市荣誉市民”称号。

对于第一项荣誉，林鸣说：“建设港珠澳大桥的过程，对于我们来说是一个学习和提高的过程，这个奖项是对我和整个团队工作的认可，这个荣誉也是我们整个团队的。由地方推选出去，最终获得全国道德模范提名奖，这是很特殊的，就像是家乡对亲人的关注一样，珠海对我们很关注，这让我很高兴，我们会更加努力去做一些事情。”

2019年12月13日，珠海市第十届荣誉市民名单揭晓，林鸣名列其中。他笑着说：“我在珠海生活十年了，早就已经是珠海人！‘珠海市荣誉市民’称号让我感到非常光荣。”

港珠澳大桥岛隧工程项目建设完成后，林鸣在珠海买了房。他笑着说：“我不仅自己在珠海买房，还动员身边的亲戚朋友来这里买房。因为，我对珠海的未来发展充满信心。粤港澳大湾区很有潜力，珠江口西岸城市有后发优势。珠海有很好的环境，未来大有可为，要把握机遇、提升价值，实现新一轮发展。”

“我已经63岁了，我不知道自己还能做多少，但我会尽自己所能、用自己所学去为社会做贡献。”谈及未来，林鸣依然充满干劲。

（采写：苑世敏、徐榆玲）

34 昔日“皇家园林”如今公益性市民公园

黄普荣讲述圆明新园的故事

黄普荣，珠海经济特区圆明新园旅游有限公司助理总经理。

黄普荣在圆明新园讲述建设圆明新园的故事

2020年7月下旬的一个午后，艳阳高照，圆明新园内游人络绎不绝。有的在“正大光明”殿拍古装照，有的在林荫小道休憩、谈笑……1997年开园以来，圆明新园每天都接待大量游客，园内雕梁画栋、绿树成荫、碧波荡漾，让不少人流连忘返。尤其是2012年实行免票开放后，曾经的“皇家园林”成了珠海休闲旅游、文化惠民的地标之一。

“从彩画、木雕、铜配件等细节到园区整体结构，我们都严格按照北京圆明园实景仿建，以1：1比例尽可能地在珠海还原。”谈起圆明新园的建设和发展，珠海经济特区圆明新园旅游有限公司助理总经理黄普荣难掩自豪与激动。黄普荣在圆明新园工作了27年，对园区的一砖一瓦、一草一木都无比熟悉和热爱。

耗时5年多建设

“20世纪90年代，人造景观主题乐园开始流行，广州‘世界大观’和深圳‘锦绣中华’‘世界之窗’等人造景观主题乐园红火一时。”黄普荣回忆道，“当时为了跟上这股浪潮，在多方学者和建筑设计师的讨论中，1992年，珠海最终决定采用清华大学提出的设计方案，修建圆明新园。”

“圆明新园动工仪式在1992年举行，第二年我从平沙糖厂调入圆明新园工程部，参与园区建设。”黄普荣回忆道。由于园区开建初期专业技术人员紧缺，攻读建筑结构专业的他，负责园区内“方壶胜境”建筑群的建设工作。

“开建初期，主要有两方面的困难：一是资金不足，二是缺乏古建筑建设经验。”黄普荣说。在20世纪90年代，他所在的工程部有近30名技术人员，但大家对古建筑建设均没有经验。

所幸的是，在政府的大力支持下，工程部请来了古建筑专家和学者指导修建，其中就有清华大学教授郭黛姮、郑金床，以及曾就职于北京故宫的李全庆、中央电视台美术设计师蔡龙西等。

1997年，经过5年多的艰苦建设，圆明新园终于竣工。当年2月7日，圆明新园正式开园，同年3月8日，入园人数达到高峰，其火爆程度让黄普荣难以忘怀，他回忆道：“3月8日那天人山人海，经统计，购票入园参观游玩的游客有5.8万人次，售票处都快被挤爆了，那天是园区收费期间入园游客数量最多的一天。”

按1：1比例实景仿建

“圆明新园以北京圆明园被焚烧前的建筑为原稿，根据特定的地理环境、在不破坏原有生态环境的前提下，按1：1的比例选建圆明园40景中的18景。”黄普荣说，圆明新园倾注了全国各地2000位文史专家、艺术家、雕塑家和其他能工巧匠的心血，从琉璃瓦、彩画、木雕、铜配件等在内的细节到园区整体结构，都严格按照北京圆明园实景仿建，尽可能在珠海还原其真实场景。

圆明新园分为三大建筑区域：以“正大光明”殿及“九洲清晏”“蓬岛瑶台”和“方壶胜境”组成的中轴线，为中国皇家古典宫殿式建筑群；

曾经的“皇家园林”成了珠海休闲旅游、文化惠民的地标之一

中轴线西面由“远瀛观”“大水法”“海晏堂喷泉”及西式园林共同构成西洋景区；园内中心位置为“福海”，水面超过8万平方米，环福海四周有“曲院风荷”“上下天光”“平湖秋月”“濂溪乐处”等10多处中国江南园林具有代表性的建筑景观。

抚摸着殿内设计精细繁复的木雕，黄普荣说，每一块木窗花、木屏风都是依据皇家装饰设计雕刻而来的，甚至连看似不起眼的木门铜配件都有来头，全部都是他们专门去江苏一家为古建筑提供配件的厂家一件件选购回来的。

“大家可以看到各个屋顶的琉璃瓦都是不一样的，勾头、滴水及瓦件的大小都是专家出图，并由福建一家琉璃瓦厂专门烧制。”黄普荣对园区的一砖一瓦、一草一木烂若披掌。在介绍古建筑的种种细节时，他也难掩心中自豪感。

免门票开放让园区再度火爆

开园以后，圆明新园迅速成为城中热门景点，也是诸多大型城市活动的举办地。“那时珠海人有亲朋好友过来，一定会带他们到圆明新园走一走，感受一下‘皇家园林’的气派。”在“老珠海”徐先生看来，当年的圆明新园是珠海最闪亮的名片。

“但是，每个人造景观主题乐园也有着自己的生命周期，随着时间的推移和更多新型主题乐园和景点的兴起，圆明新园不再是市民和游客游玩出行的唯一选择，游客量也因此下降。”黄普荣告诉记者。但圆明新园自2012年10月17日起实行免门票政策，园区再度火爆起来，平均每天入园游客1万多人次，年游客接待量从70万人次激增至400万人次。此举也让园明新园从昔日的“皇家园林”跃变为更接地气的公益性市民公园、百姓大舞台和文化大观园。

期盼成为新时代标志性建筑

圆明新园作为全国最早的一批4A景区，在珠海旅游发展史上书写了浓墨重彩的一笔。近年来，珠海市全域旅游建设取得了阶段性成果，基本形成了主题公园、海洋海岛、温泉养生、品牌盛事、体育休闲、乡村生态、会议会展、工业科教、历史人文、美食文化等十大休闲旅游产品体系，4A级景区达到7家，每年有数百万名国内外游客前来度假休闲、旅游观光。

《珠海市加快创建国家全域旅游示范区实施方案》提出，到2025年，建成一批具有世界影响力的主题公园、国际高星级酒店、高端海岛旅游品牌、精品展会赛事、特色乡村民宿，接待人数在7500万人次以上，旅游业总收入达800亿元，基本建成滨海国际休闲旅游目的地。

“目前我们正根据市委、市政府提出的要求，筹划园区升级改造，计划在保留标志性、代表性建筑物的同时，拆除一部分建筑物来增添新的文旅场馆等设施，以更好地满足市民和游客文化、休闲、旅游的需求。”黄普荣说，“希望圆明新园可以跟上粤港澳大湾区建设的步伐，成为新时代的标志性建筑。”

（采写：莫海晖、王昱媛、胡芷昱）

35 市属公园免费开放开全国先例

陈祥华讲述市属公园免费开放故事

陈祥华，珠海市园林绿化和市容环境管理中心风景区和公园维护部部长。

海滨公园内林荫夹道，环境幽静。不少市民早早来到公园玩耍，一些家长带着小孩在绿树成荫、湖光山色的宜人风景中，享受天伦之乐。

时间倒回19年前，那时的海滨公园实行的还是封闭式管理，植被单一、设施简陋……2001年9月1日，海滨公园拆除围墙，在全国率先实行免费开放。此后，公园免费开放成为全国趋势和潮流。

提起珠海市属公园免费开放这段历史，珠海市园林绿化和市容环境管理中心风景区和公园维护部部长陈祥华十分自豪。今年56岁的陈祥华在珠海从事园林绿化工作已有31年，他见证了珠海公园的发展变迁，也是珠海经济特区建设的见证者和参与者。

收取门票：海滨公园曾为封闭式管理

漫步在海滨公园的绿地上，陈祥华的记忆被拉回到30多年前。他告诉记者，他是广东阳江人，1988年7月大学毕业后分配到珠海。“大学里所学专业是园艺，被分配到珠海后就一直从事园林绿化工作，可以说是一名见证特区变化发展的老园林人。”

陈祥华回忆，1988年，市区内仅有海滨公园、景山公园、白莲洞公园、炮台山公园、烈士陵园、唐家共乐园。当年公园植被单一且长势差，设施落后、陈旧，厕所简陋，园内大部分为水泥路面且高低不平，有的地方还是土路。

“在过去很长一段时间里，海滨公园等市属公园都是有围墙的，实行的是封闭式管理。”陈祥华告诉记者，“20世纪80年代和90年代初，海滨公园收取入园门票0.5元/人，后期1元/人。当时，外地游客比较多，白莲洞公园、景山公园也很受游客欢迎。”

还绿于民：市属公园全国率先免费开放

2000年，珠海市提出“环境强市”发展理念，挖掘珠海市文化、历史和人文内涵，营造开拓创新的人文环境；大力抓机关作风建设，强化服务，优化政务环境，建设服务型政府；在生活环境方面，推进城市化进程，一年改造一条路，改造城中旧村，建设文明社区，着力提升城市综合品位。“拆除公园围墙，还绿于民，公园实行开放式管理就被提上当年的议事日程。”陈祥华说。

陈祥华回忆，当时的珠海市委、市政府决策，政府投资建设的公园属公用事业，应逐步全部实行免费开放，做到公园资源市民共享。因此，作为市属公园管理者的原市建设局与园林处主动放弃团体利益，对门票收入不菲的公园实行免费开放。

2001年9月1日，是珠海公园历史上具有特殊意义的一天。海滨公园拆除围墙融入景山路改造提升项目，率先对外免费开放。2002年4月2日，市属香山公园、炮台山公园、景山公园、白莲洞公园相继加入免收门票公园的行列。

每一场变革都不是一帆风顺的。陈祥华告诉记者，当时，公园一线员工和干部还是有后顾之忧的，担心免费开放，公园收入少了，待遇变差了，公园管理经费得不到保障，公园环境变差。时任珠海市园林处公园管理科科长的陈祥华当时主要负责公园建设管理工作。他告诉记者，市属公园免费开放后，市财政每年按养护管理的面积和标准定额计拨经费，变“以费养人”为“以费养事”，保证公园维护经费来源。政府承诺不让一个员工下岗，并保证员工工资待遇。

同时，政府引入特许经营理念，允许公园内经营场所由新组建的“事改企”国有企业进行特许经营，盘活公园资源，增加公司经营收入，以补贴公园维护管理费用。“公园那里原来的建筑全部被拆掉了。”在公园人工湖边，陈祥华指着前方的草坪介绍，当年，政府投入了2000多万元，先对海滨公园进行改造，同时拆掉了公园四周围墙及公园内不应有的办公楼、餐厅、店铺等建筑。改造后，公园环境得到显著改善，全面开放的海滨公园成为珠海市内一道亮丽的风景。

公园免费开放得到了社会各界的支持。公园免费开放之后，去公园游玩的市民和外来游客明显增加。据统计，海滨公园未开放前每年入园人次约100万，免费开放之后每年入园人次达150万；拱北的炮台山公园未开放前每年入园人次约50万，免费开放之后入园人次达到100万。

陈祥华说，公园免费开放后确实为市民提供了便利，进入公园开展健身、文化、娱乐活动的市民增多了，公园真正成为市民健康文明生活方式的重要载体，营造了一个健康向上的人文环境，社会效益得到明显提高。

“在当时，公园免费开放在全国是首例。”陈祥华回忆道，“那年，中国公园协会在广州开年会，也专门安排到珠海参观交流，推介珠海公园管理经验。”

珠海公园免费开放的创新思维引起全国共鸣，此后，全国的公园也逐步实行免费开放。

远期目标：公园绿地服务半径覆盖率达到100%

今年“五一”，风景优美的香山湖公园二期免费对外开放；位于情侣路上的海天公园经管养后，面向市民和外来游客免费开放……

陈祥华介绍，目前，珠海已经建设有700多个免费公园（含社区公园），分布在全市各区域，逐步减少了原有公园分布不均衡现象。

根据《美丽珠海——公园之城规划汇编》，未来珠海还要建设一批新公园，如凤凰山国家级风景区等。免费开放公园将越来越多，公园绿地服务半径覆盖率（指面积在5000平方米以上的公园绿地，按照500米的服务半径计算覆盖居住用地的百分比）逐步达到100%，逐步构建完善的城市公园体系。

“如今免费公园越来越多，设施也越来越完善，珠海公园这些年的发展变化也正好成为珠海经济特区建立40周年取得辉煌成就的一个缩影。”陈祥华期待，未来珠海公园建设能够再上一个新台阶，珠海公园的发展越来越好。

（采写：马涛）

36 “先予支付”探索解决欠薪难题

边玉峰口述《珠海市企业工资支付条例》出台过程

边玉峰，时任珠海市人大常委会法工委主任。

2001年10月30日，珠海市人大常委会举行新闻发布会，宣布《珠海市企业工资支付条例》正式出台。这是全国首部地方性劳动工资法规。

我是《珠海市企业工资支付条例》这部地方性法规出台直接参与者和见证者，有幸亲历了法规出台的全过程。这部法规是在2000年7月1日《中华人民共和国立法法》正式赋予珠海“较大市立法权”以后，我们在社会保障领域开展的一项重要民生立法。当时法规出台后，人民日报、南方日报等一批中央、省级媒体予以了集中关注和报道，引起了海内外公众的极大关注。

话题要从1999年的那个年初聊起。当时，随着我国社会主义现代化建设的蓬勃开展，企业发展极为迅速，企业劳动者的数量也呈现几何倍数增长。尤其是珠三角地区，企业和外来工人数量的增长尤为明显。但是在发展过程中，我们也发现企业拖欠工人工资的现象在不断增多，甚至逐渐成为引发劳资纠纷的主要因素。因此，在市委的建议下，我们准备通过出台一部专门保障劳动者工资的地

《珠海市企业工资支付条例》为解决欠薪问题提供法律依据

方性法规，来解决当时面临的这些问题。

在国家层面，当时为了保护劳动者的合法权益，调整劳动关系，建立和维护适应社会主义市场经济的劳动制度，促进经济发展和社会进步，全国人大在1995年1月出台了《中华人民共和国劳动法》（简称《劳动法》），该法第五章对劳动者工资的保障制度进行了一系列规定。但是，这部法律还有许多内容规定得相对比较笼统，比如法律中的一些条款并没有对当时存在的欠薪问题做出明确的解释，也没有对什么是欠薪、如果发生欠薪应当怎样处罚等问题进行明确规定等。这些立法上的缺位对现实中的拖欠工人工资问题的处理就显得比较苍白无力。因此，作为外来工人的主要聚集地之一，为更好地保护劳动者的合法权益，规范用人单位工资支付行为，维护社会稳定，珠海制定一部符合现实需要的地方性法规显得迫在眉睫。

制定这么一部法规，一方面是为了更好地贯彻实施《劳动法》，解决好企业克扣和拖欠劳动者工资问题；另一方面是根据珠海当时经济社会发展的实际情况，在国家法律的基本框架下，借鉴国内外的有关经验做法，对劳动者的工资保障问题进行探索，为国家法律的修改完善积累一些经验。基于这种思路，珠海市人大常委会从1999年初开始，就将企业工资支付条例列入立法调研计划当中，着手研究立法需要解决的一系列问题。

为保证立法调研的针对性和有效性，市人大常委会法工委制订了详细的调研工作方案。我们先后走访了珠海市的多家企业，面对面倾听了部分劳动者、执法人员及法律专家的声音，并收集了一些建设性意见。调研中，许多在企业工作的劳动者对我们说：“有专门保证老板发工资给我们的法律出台？能让我们的工资不再被随便拖欠吗？要真是这样，那就太好了！”这说明劳动者对出台一部保障他们自身合法权益的法规是充满期待的，也给了我们推动地方立法工作很大的动力。劳动监察执法人员也对企业工资支付条例抱有很大的期望，有执法人员跟我们反映说，现有法律规定的不完善，对执法造成了一些不利影响。

经过两年的调查研究、分析论证，并在广泛听取社会各界的意见和建议的基础上，2001年7月召开的市人大常委会会议审议通过了该条例。该条例规定由劳动保障行政部门对用人单位遵守工资支付法律、法规的情况进行监察，各级工会组织进行监督。工资支付的标准以合同约定为原则，合同约定的形式以集体协商为原则，用人单位应当在与劳动者个人签订劳动合同时约定工资支付标准，职工工资支付方式和工资水平可以由劳资双方代表通过集体协商共同决定。对建筑分包单位、合伙企业发生欠薪行为规定了“先予支付”原则，即劳动保障部门可以责成工程总承包方或发包方先予支付劳动者工资，事后与分包方在未结清的工程款中追偿。合伙企业拖欠工资的，有合伙人逃匿或者无力支付的，劳动保障部门可以责成其他合伙人“先予支付”劳动者工资，然后，合伙人可依法向其他合伙人追偿。“先予支付”为解决工资拖欠问题提供了一种有益的立法尝试。

该条例细化了《劳动法》中有关工资规定的内容，使有关工资争议问题的解决有了具体的、明确的规定，这有力地保障了劳动者的劳动报酬权益。该条例的制定还得到了当时劳动保障部、中华全国总工会的支持和肯定，称赞珠海的这一立法成果值得全国借鉴和推广。

（采写：孟庆辉）

37 “亚洲蛙王”的成长历程

曾启亮口述1996年亚特兰大奥运会上中国男子游泳首次进入决赛

曾启亮，在1993年全运会上打破200米蛙泳全国纪录，同年进入国家队；在1996年亚特兰大奥运会上进入男子100米蛙泳决赛，成为中国首位进入奥运会该项目决赛的运动员；在1998年珀斯世锦赛上获亚军，同年在曼谷亚运会上获100米蛙泳金牌，被誉为“亚洲蛙王”；2006年退役，任斗门区体育局副局长。

“亚洲蛙王”曾启亮

1977年，曾启亮出生于珠海市斗门区莲洲镇新洲村，他说自己小时候就是个爱玩水的“野孩子”，挨了家里不少揍。从1989年斗门县运动会开始，曾启亮开始展现出他的游泳天赋，在1990年广东省运会上，他崭露头角，成为中国泳坛关注的焦点。

1996年亚特兰大奥运会上，曾启亮杀入男子100米蛙泳决赛，成为中国首位进入奥运会该项目决赛的运动员。

启蒙：5岁下水无师自通

在斗门区体育局办公室，曾启亮向记者展示他的“勋章”。“这是我小时候在河涌里游泳时磕破的疤，到现在还很明显。”回忆起小时候，曾启亮说他每天最开心的事就是放学后到村里的河涌里游泳。

“5岁那年，我第一次下水，也不知道为啥，扑通几下就会游了，当时没有谁教。那时经常和村里的小伙伴到小河里捉鱼摸虾和游泳嬉戏，还会和小伙伴比赛潜泳。有一次比赛由于在水下看不见，我一头撞在了水下的石头上，顿时鲜血直流，从此眼角上留下了无法消退的疤痕。”

1989年，斗门县运动会比赛前夕，莲洲镇政府在各学校举办了选拔赛。在那次选拔赛上，曾启亮拿了两个冠军，最终代表莲洲镇参加斗门县运动会。在斗门县运动会的比赛中，曾启亮完成了他正式比赛的首秀，夺得50米、100米自由泳两块金牌。

当时一个冠军奖励45元，曾启亮拿到90元，在那时可以算得上是一笔巨款。随后，曾启亮顺利入选市队，代表珠海出战1990年在东莞举行的广东省运会。

从未接受过专业训练的曾启亮此时要与省内各地高手同场竞技。1989年底，启蒙教练丁有华将他推荐给在广州开办游泳班的教练黄猛晋，黄教练根据他的身高、体型和技术特点，指导他专攻蛙泳，并进行了半年的专业训练。

1990年广东省运会上，仅接受半年专业训练的曾启亮凭借其天生良好的水性和爆发力，夺得200米蛙泳金牌和全能银牌。此时，曾启亮已经成为省队重点培养、国家队重点关注的运动员。

巅峰：挑落日本名将获“亚洲蛙王”称号

1993年，年仅16岁的曾启亮代表广东省在第七届全运会上夺得4×100米混合泳冠军、100米蛙泳亚军，200米蛙泳第5名的成绩也打破了当时的全国纪录。

同年，曾启亮入选国家队，开始代表中国征战世界，从珠海河涌里的“野孩子”一跃成为国家队的“好苗子”。接受专业训练后，曾启亮的潜能得到充分激发，不断刷新中国男子游泳的成绩。

曾启亮印象最深的是1996年亚特兰大奥运会，当时男子100米蛙泳半决赛在上午举行，他在小组中排名第二，由于发挥不理想，他自己走到放松池，心里估算：决赛应该没戏了。此时，国家队工作人员跑过来跟他说：“进决赛了！”

在此之前，中国男子游泳从未进入过奥运会的决赛。在1996年亚特兰大奥运会上，他和另一名中国自由泳名将蒋丞稷双双进入各自项目的决赛，共同创造了中国乃至亚洲男子游泳的历史。

亚洲泳坛，中日争霸。而在蛙泳项目上，与曾启亮差不多同时期的日本名将林享一直是公认的“亚洲蛙王”。

1997年第八届全运会上，曾启亮以1分1秒76的成绩获得100米蛙泳冠军并打破亚洲纪录，而这一成绩也实现了对日本名将林享的超越。1998年澳大利亚珀斯世锦赛上，曾启亮斩获亚军，这一成绩创造了亚洲人在该项目中的最好成绩。同年的曼谷亚运会上，曾启亮在泳池中战胜了林享，实现了在该项目上对日本的全方位超越，曾启亮也因此获封为新的“亚洲蛙王”。

从1993年进入国家队到2006年退役的13年间，曾启亮一直保持在较高的水准，没有明显的低谷期。“其实越到后面心态越好，因为已经证明了自己的实力，自己需要做的就是享受比赛，为国争光。”曾启亮说，“在1998年曼谷亚运会上夺冠，自己第一次站在领奖台享受升国旗、奏国歌的待遇，当时心里想的就是自己没有辜负国家的期望，没有辜负家乡人民的期待。”

退役：希望有更多好苗子涌现

2005年，也就是退役的前一年，曾启亮还在澳门举行的东亚运动会上获得100米蛙泳、50米蛙泳、4×100米混合泳3项冠军，其中后2项还打破了当时的亚洲纪录。

“也许是心态好，也许是澳门离珠海近，有主场优势，所以发挥得特别好。”曾启亮说，“当时自己已经28岁了，感觉到身体的恢复能力开始下降，体能也受到影响，所以决定在2006年退役。”

退役后，曾启亮回到广东省队当起了教练。2009年，曾启亮回到家乡斗门区任体育局副局长，分管竞赛方面事务，并偶尔客串珠海游泳队教练的角色。

他说，斗门体育事业在不断发展的同时，也面临许多困境，尤其是人才选拔方面，许多家长不愿意自己的小孩进入体育界，这使得人才选拔困难重重。另外，曾启亮对斗门区新体校的建设也充满期待，他认为建设新体校不但能完成专业运动员日常培训的任务，还可以向当地群众开放，以进一步推动体育项目的普及和全民健身。

（采写：杨嘉、韩高帮、刘源）

38 荒岛绿洲稀世珍宝

仇锡源口述珠海水松林规划开发

仇锡源，历任斗门公社（斗门镇）社长、党委书记，斗门县林业局局长，斗门农委副主任兼斗门绿化委员会副主任。现已退休。

珠海市斗门区白蕉镇六乡竹洲沙头岛上，有目前世界上面积最大的连片岛屿人工种植水松林。水松为世界濒危植物，建造农田防护林可抗台风，减少自然灾害，有利于水土保持，防风固沙，冬天增温防寒保暖。

20世纪80年代初，珠海开始在斗门县河堤、海堤大面积种植水松，当时实测竹洲沙头岛面积为365亩（1亩≈0.067公顷），每亩种200多棵，目前共有7万多棵水松。

近年，为了加强对水松林的保护，珠海市政府拟建设全球首个水松林湿地保护区，未来还将建设水松林博物馆，将水松林打造成继红树林之后珠海又一生态名片。斗门的水松林主要分布在白蕉镇和莲洲镇，全区现存水松林总面积约1130亩，约26万株，水松林等河流湿地面积2.5万多亩。

固土护堤，荒岛种水松

35年前，当时的六乡，即现今的白蕉镇六乡片区，竹洲村沙头岛是一个荒岛，荒草丛生。当时仇锡源担任斗门县林业局局长，对于斗门的绿化工作，提出了“山坡混交林、山脚荔枝林、农田防护林、江海河岸水松林”四大工作重点。

山坡混交林，就是要在山坡上多种树，保证山坡百年不毁；山脚荔枝林，就是发展农业经济，发展生态经济；农田防护林，目的是保护农田，保证农民耕种有收成；江海河岸水松林，就是种植珍稀物种，并形成护堤林，保护土地。

1980年始，广东省林业厅、华南农业大学、广东省林业科技院来珠海进行珠江三角洲农田林网营造技术的推广，经过多次考察，多次商量，确定来斗门县实施，这是种植水松的起因，耗时1年。

在斗门多次召开现场会，在珠江三角洲范围内，全省推广水松护堤工作。当时仇锡源在想什么方法能最有效护堤，因此，他去南华寺考察了当地的水松。实地考察发现，种植水松是最好的解决方法，防护林可以抗台风，保护农田农作物，降低风速，减少灾害损失。

20世纪80年代，斗门县最出名的项目便是种植水松。县林业局请示斗门县政府，会同六乡人民公社、党委协商，征得岛屿管理方的同意，而后与竹洲村大队管委会协商，随后开展水松林项目。

水松开种之时，先在河堤、河滩上种植，目的是护堤和提高滩面，凡是有滩面的都种植了水松。1980年春天开始大量培育水松苗，1981年开始全面推广种植水松。水松有个特点，一定要长到1米以上才可种植，太矮会被水浸泡而死。因此于1980年底开始筹备育苗，育苗3年，种植3年，1982年开始在竹洲沙头岛试种，1983—1984年大规模种植，1985年因潮水等各方面的影响，清除坏死的水松，补种一部分水松，前后种植共4年。种植过程十分艰苦，当时种约1.5万棵，种补连续几个回合，加上死去、补种的水松合计超过2万棵。

在竹洲沙头岛大面积种植水松，主要是为了保护岛屿，提高地势，防止水土流失，美化海岛生态环境，绿化斗门河堤。20世纪90年代以后，国家林业局、林科院、广东省林业厅多次来视察斗门的防护林和水松林，对水松林种植表示充分肯定。

三级联营保护水松林

在斗门水松林建设之前，仇锡源去南华寺考察了当地的水松，发现这一濒危物种全身是宝。水松的木材耐腐，可以用来造船、建桥、造房，制造的水闸数十年不倒；水松果则可以用来当染料染布。

斗门种植水松林的传统，要追溯到百年前，当时莲洲镇已经种植了大量水松林护堤，莲溪有80～100亩海滩，至今已经种植水松约80年了。

水松林不得随便砍伐，不准许贩卖水松。现在的水松林就是20世纪80年代种的，至今已有30多年历史，近几年偶有偷伐现象，而后又进行补种。

当时由于资金欠缺，种植资金大部分由省林业厅资助，县政府支持一部分，而后斗门县林业局、六乡人民公社、竹洲大队三级联营签订营造竹洲水松林管理产权协议。斗门县林业局负责出管理费、种植费，收益方面林业局占三成，六乡人民公社占两成，竹洲大队占五成，砍伐权由3家共同协商支配，任何一方想要利用水松林，都必须得到另外两个单位的同意，以此相互制衡，保护水松林。

在珠江三角洲农田林网营造技术的推广项目中，农田林网和水松林种植的成绩，让仇锡源获得由国家科学技术委员会颁发的国家科技成果完成者证书，以及由国家林业局颁发的部级科技进步奖二等奖证书。

“植物活化石”始于亿年前

水松属珍贵的孑遗植物，是国家一级保护植物。水松与水杉、银杏并称为三大“植物活化石”，始生于1亿多年前的中生代。在第三纪曾广布于北半球，第四纪冰期后，欧洲、北美、东亚及我国东北等地的种群已灭绝，现在仅在广东、福建等地仍有零星分布。位于珠海斗门的水松林是目前世界上最大的连片岛屿人工种植水松林。

人们往往会将水松与水杉、落羽杉混淆。水松是半常绿性乔木，最高可达25米，胸径为0.6～1.2米；树皮呈褐色或灰褐色，裂成不规则条片；

内皮呈淡红褐色；枝稀疏，平展，上部枝斜伸，生长在气候温暖湿润、水量充沛的地方。水松耐水湿，为阳性树种，除盐碱地外在各种土壤上均能生长。幼苗时期主根发达，10多年后主根停止生长，侧根发达。

水杉是落叶乔木，树高35～41.5米，胸径为1.6～2.4米；树皮呈灰褐色或深灰色，裂成条片状脱落；小枝对生或近对生，下垂，生长在温暖湿润，夏季凉爽，冬季有雪而不严寒的地方。

落羽杉属高大乔木，树干圆满通直，树高25～50米。它是古老的孑遗植物，耐低温、耐盐碱、耐水淹、耐干旱瘠薄、抗风、抗污染、抗病虫害。在酸性地和盐碱地上都可生长。

（采写：杨嘉）

39 昔日小关口蝶变为全国最大陆路口岸

赖移威的口岸记忆

赖移威，珠海出入境边防检查总站拱北出入境边防检查站四级高级警长。

站在情侣南路末端的口岸出境车道路口，已在珠海边检总站拱北边检站工作38年的赖移威充满感慨："1982年我刚来的时候，拱北口岸联检大楼就是在这里，我在这个关口工作了17年。直到澳门回归前夕，1999年10月，坐落在这里的旧大楼被爆破，口岸搬到了现今使用的联检大楼。"1982年，入伍当兵的赖移威，在接受完新训后被分配到拱北边检站，从那时起，他就在拱北口岸扎下了根。

澳门回归盛景记忆犹新

1999年12月20日，迎来澳门回归。当天，有着17年工作经验的赖移威被安排在新联检大楼出境大厅执勤。"当时在前台验证，其实就意味着会错过回归当天万众欢腾的场景，只能专注于自己的'三尺验证台'，在喧闹中守护着出境大厅的平静。"谈起澳门回归当天的情形，赖移威感觉恍如昨日，他告诉记者，当天虽然不能见证驻澳门部队进驻澳门的盛景，但是在前台看到了很多旅客亲和的笑脸，他们说着"我哋系一家人"（我们是一家人），他感到非常开心。

也正应了当时旅客的期盼和认同，澳门回归祖国后，珠澳两地的联系愈发紧密，沟通愈发畅通。作为与澳门最早通关的陆路口岸，在澳门回归祖国，尤其是2007年开放港澳自由行后，拱北口岸以其毗邻澳门的地理位置和便捷的通关服务，成为越来越多中外游客出入境的首选口岸，拱北口岸“人气爆棚”，客流量极速猛增，年客流总量从1999年的3000万人次跃升至2019年的1.45亿人次，昔日小关口蝶变为全国最大陆路口岸。

自助通道开启通关新速度

随着人流量逐渐增多，在当初几年客流迅猛增长时期，拱北口岸高峰期旅客排长龙的现象常有，过关时间甚至要长达1小时。“以往查验基本靠人工，遇上‘五一’、国庆等重大节日，大家都是连轴转。”赖移威对当时忙碌的查验印象深刻，“最高峰时期，我曾连续上了16天班没有休息。”

2005年，为实现向科技要警力，提升整体通关效率，拱北边检站开始投入使用自助通道，这一新兴科技设备的应用，为缓解拱北口岸客流疏导压力起到了极大作用。此后，口岸各出入境大厅，“砰砰”的盖章声与“咔咔”的自助通道开关闸门声共谱乐章。

“旅客只需刷卡、摁手指，系统判定人证合一即可放行。”赖移威说，“目前拱北口岸设有出入境旅客自助通道190余条，是人工通道的2倍多，为缓解拱北口岸日均39万人次客流疏导压力起到了关键作用。以往查验一本32页的通行证需要逐页查看真伪，旅客过关平均需要45秒。现在自助通道验放一名旅客平均只要8秒。”

如今，拱北口岸日均客流量高达39万人次，人流如织，但现场秩序井然。“通关更畅通了，工作效率也大大提升了。以前一个人只能监管一条人工通道，现在可以同时监管5～7条自助通道。”赖移威介绍说。科技应用成功解决了客流飞速增长的疏导“刚需”。2020年1月13日，拱北口岸单日客流量突破49.90万人次，再创新高，但当时整个口岸运行整体平稳顺畅，在极端客流高峰的情况下，依然确保了“中国公民出入境通关排队不超过30分钟”。

1982—2020年，赖移威始终坚守在拱北口岸前台查验一线，在日复一日的工作中见证了拱北口岸38年的蝶变，见证了珠澳两地紧密合作、紧密联系、共同发展的历史岁月，也为助力两地发展、维护珠澳边界安全稳定做出了积极的努力和贡献。谈及对未来的展望，赖移威坚信，粤港澳大湾区的宏伟蓝图定会一步步变为现实，而珠澳两地将在实现这一蓝图的过程中，共同迎来更美好的明天。

（采写：许晖）

40 渔民上岸开民宿 海岛生活更幸福

温华照回顾万山渔场的兴衰变迁

温华照，万山岛居民，在岛上办厂开店。

“楼上的房子收回来了，打算装修一下继续做旅店。这几年来岛上的游客越来越多，生意还不错。”2020年7月27日上午，68岁的万山岛居民温华照在岛上打理着自己的士多店，向记者讲述了他年轻时随船出海一晚围捕600多担（1担=50千克）鱼和开办网具加工厂的经历，回味万山渔场的兴衰变迁。

出海，渔获满满闻名全国

“我于1952年出生，15岁就离开学校，参加万山公社的渔业生产，随船出海打鱼。那时候万山的渔业在全国都很有名，海上的渔船灯火通明，非常热闹。”温华照回忆当年颇有些自豪。

温华照印象很深的是有一次出海到台山附近海域赶上鱼汛，一晚围捕600多担鱼。“那一次，我们万山公社有十几条船一起出海，有些船很早就满载而归。我们的船凌晨3点多来到台山附近海域，放下一艘小舢板做灯位，在灯光下发现海水是昏黄的，还在奇怪‘这里没有黄泥水啊’，船上有经验的老渔工黄苏赶紧叫我们不要动，遇上鱼汛了。”温华照回忆说，“船长布北胜立即下令停船，船上的渔工们七手八脚地下网围鱼，却发现渔网被密集的鱼群顶托着根本下不去，第一网收上来只有几十担鱼。”

“但看到那么多鱼，船上的人还是很开心，我们调整位置第二次下网，拉上来200多担渔获，鱼太重了拉不动，花了两三个小时收网。”温华照兴奋地说，“天快亮时，第三网更厉害。一晚上的渔获足有600多担，由于渔获太多，渔船吃水很深，甲板离海面只有30多厘米，我们回到渔港的时候，岸上的人看到我们的船快要沉的样子，还以为我们出了什么意外。后来靠近一看是满舱的渔获，大家都欢呼起来。”

相关资料显示，20世纪六七十年代的珠海万山渔场在渔业人口、渔船吨位和机器马力平均产量三项指标上，均创造了全国海洋渔业的高产纪录，单条渔船日捕鱼1600担、一张渔网日捕鱼3200担的全国最高纪录均诞生于万山群岛。“农业学大寨，渔业学万山”的口号曾响彻全国。

上岸，办厂开店生活更安稳

20世纪80年代，渔民经过一段时期的资本积累后，海捕渔船开始急剧扩增，包括万山渔场在内的全国渔业资源逐步衰退。伴随着改革开放和珠海经济特区的建立，不少万山渔民纷纷离船上岸。

“渔业公社解散了，渔民有的自己干个体，有的到市区上班、打工。我在1983年承包了原来公社的渔具加工厂，主要帮香港的船老板生产、修补网具，大网小网都做。”温华照说。改革开放以后，不少香港市民买船雇人投资渔业生产，他的网具加工厂生意红火，工人从最初的40多人逐年增加到120多人。

“1990年，我在岛上买了4套房，每套房都是2层楼，我把网具加工厂也搬过来了。其他人也纷纷开起了网具加工厂，最多的时候岛上有20多家网具加工厂。”温华照说，20世纪90年代初期，网具加工厂尚能带来丰厚的收入，到了后期万山渔港的渔船少了，网具生产订货单数量也大幅减少。2000年前后，温华照停办了网具加工厂，改为经营士多店。

近年来，随着海岛基础设施的不断完善，海岛游、休闲渔业逐步兴起，前来观光、海钓的游客越来越多，万山岛上的民宿、酒店也逐渐多了起来，温华照也不失时机地经营起家庭旅馆。

“2004年我开始搞旅业，就是现在的‘富华旅店’，一共13间房，生意还不错。”温华照说。他的旅店房间在2018年长租给了万山码头建设的工人做宿舍，最近刚收回来，正准备进行改造升级，提升游客的入住体验。

如今，他的两个小孩都已在主城区成家立业。对未来的生活，温华照充满自信和憧憬。今年新冠肺炎疫情发生后，温华照作为一名有着近50年党龄的老党员，主动请缨参与疫情防控工作，没有离开过海岛一天。他说："我从小就生长在这座岛上，这里有我熟悉的邻居和一草一木，我舍不得离开。"

（采写：郑振华）